Spielgeschichten für die Bewegungsstunde

Ingrid Dillmann

Spielgeschichten für die Bewegungsstunde

mit 3–8-Jährigen

Matthias-Grünewald-Verlag · Mainz

Der Matthias-Grünewald-Verlag ist Mitglied
der Verlagsgruppe engagement

Die Deutsche Bibliothek – CIP Einheitsaufnahme

Ein Titeldatensatz für diese Publikation ist bei
Der Deutschen Bibliothek erhältlich

Umschlaggestaltung: Harun Kloppe, Mainz
Foto: Gertie Burbeck, Mönchengladbach
Satz: Jörg Eckart · DTP Studio Mainz
Druck und Bindung: Freiburger Graphische Betriebe

ISBN 3-7867-2303-6

Inhalt

Spielwelt ist Bewegungswelt

Zu meinen schönsten Kindheitserinnerungen zählen die Nachmittage in dem alten, verwilderten Garten gleich neben meinem Elternhaus. Ich kann mich noch an unzählige Expeditionen ins Dickicht verwachsener Sträucher erinnern. An Zweige, die an meinen Haaren zerrten und den Durchgang zu verweigern schienen. Und an die Freude und Überraschung, wenn unvermutet eine kleine, sonnenbeschienene Lichtung den Blick auf den blauen Himmel freigab oder dazu ermunterte, stundenlang Vögel zu beobachten, die ihre Nester in das Gewirr der Äste gebaut hatten und dort ihre Jungen fütterten.

Im Frühling wurde ein alter, halb gefallener Apfelbaum mitten in einem Meer von duftenden Blüten zu meinem Pferd, das so wunderbar hin- und herschaukeln konnte und mich zu unbekannten Ländern und Abenteuern trug, die in meinem Kopf Gestalt annahmen.

Im Hochsommer verkroch ich mich in den Dschungel duftig kühlender Grashalme, rollte über die Erde, lauschte dem Geschwirr der Insekten und spielte mit Hunden und Freundin Verstecken unter schattigem Grün.

Der Herbst wurde mir mit saftigen Früchten versüßt, die ich in der Krone eines Pflaumenbaumes pflückte. Von ihnen zu waghalsigen Klettertouren angespornt, entdeckte ich mein „Luftschloss": eine stabile Astgabel in der Spitze des Baumes, die einen guten Ausblick auf das Gelände bot und mich dem Himmel und den Scharen kreisender Vögel ein Stückchen näher brachte. ...

Noch heute zaubern diese Erinnerungen ein Lächeln auf mein Gesicht. Der Umgang mit der Natur, die vielfältigen Möglichkeiten des Erkundens meiner Umgebung, das Kriechen, Rennen, Klettern und die unterschiedlichen Düfte und Geschmäcker der Jahreszeiten haben nicht nur meine Kindheit maßgeblich beeinflusst, sondern ihre Spuren bis zum heutigen Tag in meinem Leben hinterlassen.

Den alten Garten gibt es heute nicht mehr. Leider. Als die Bäume fielen, war es, als stürben gute Freunde. An ihrer Stelle steht heute eine Reihenhaussiedlung mit kleinen Gärten.

Auch jetzt wohnen dort Kinder. Manchmal beobachte ich sie, wie sie mit Inlinern über das Pflaster sausen, zwischen den Garagen Fußball spielen oder sich hinter Autos und Mülleimern verstecken.

Genauso wenig, wie wir die alten Bäume wieder zum Leben erwecken können, können wir die Uhr zurückdrehen und uns den Folgen unserer schnelllebigen, wechselhaften Zeit entziehen. Die heutige Spiel- und Bewegungswelt des Kindes hat sich im Wechsel von nur wenigen Generationen immer mehr von der Straße auf die beschränkten Möglichkeiten von Kinderzimmer und Spielplatz reduziert. Im Zeitalter von Technik, Auto, Fernsehen und Computer hat natürliche Bewegung in unserer alltäglichen Umgebung immer geringere Bedeutung und wird durch spezialisierte Programme in Fitnessstudios und Sportvereinen zusehends ersetzt.

In einer Lebensphase, wo das Begreifen über Greifen stattfindet, wo seelische und körperliche Reife über die aktive, sinnliche Auseinandersetzung mit der Umwelt, über Erkunden, Bewegen, Experimentieren etabliert wird, starren viele Kinder stundenlang bewegungslos auf bewegte Bilder, die die Verarbeitungskapazität des kindlichen Gehirns bei weitem überfordert. Auch die soziale Komponente sollte an dieser Stelle nicht unterschätzt werden. Bietet die Straßenspielkultur noch Begegnungsorte, für das Erproben sozialen Handelns und Verhaltens, so wird dieses Übungsfeld vor dem heimischen Bildschirm weitgehend aufgegeben.

Die Ausbildung motorischer Fähigkeiten ist in jeder Altersstufe mit dem Ablauf vielschichtiger körperlicher und geistiger Prozesse verbunden. Besonders das Alter zwischen zwei und sechs Jahren ist sensibel für die Ausreifung des Zentralen Nervensystems und verfeinerter motorischer Abläufe (Übergang von der Grob- zur Feinmotorik) in Verbindung mit den komplizierten Prozessen der Persönlichkeitsentwicklung.

Macht ein Kind die Erfahrung, dass es sich seine Umwelt selbstbestimmt und aktiv über Bewegung und vielfältige Sinnes- und Materialerfahrung erschließen kann, wird es immer größere, komplexere Herausforderungen annehmen und bewältigen können. Dadurch wird auch das Selbstbewusstsein gestärkt.

Kindergarten und Grundschule als erste öffentliche Erziehungsinstanzen kommen in diesem Zusammenhang besondere Bedeutung zu, da hier Begegnungs-, Lern- und Bewegungsorte geschaffen werden, die viele Kinder aus bereits genannten Gründen in ihrer häuslichen Umgebung nur noch eingeschränkt erleben können.

In vielen Einrichtungen des Vorschulbereiches ist die wöchentliche Turn- und Bewegungsstunde ein absolutes „Muss" und Bestandteil des pädagogischen Konzeptes. Leider sind gerade hier die Rahmenbedingungen oft unbefriedigend: kleine Räume, ungenügende Ausstattung, zu wenig Personal und infolge dessen zu große Gruppen oder ungenügende Vorbereitung auf das Kinderturnen während der Ausbildung. Im Laufe der Berufsjahre können auch schon mal die Ideen ausgehen, um Kinder zum Turnen zu motivieren.

Zur Planung und Anleitung einer Bewegungsstunde

In meinen Fortbildungen wollen TeilnehmerInnen immer wieder wissen, wie sich ein/e AnleiterIn in der Bewegungsstunde richtig verhält. Meist stelle ich die Gegenfrage: Was ist „richtig" oder „falsch"? Und wer setzt die Maßstäbe fest?
Hier bewegt sich jede/r PädagogIn im Spannungsverhältnis von Forderung und Überforderung, von Ermutigung und Zwang. Was dem einen Kind eine positive Unterstützung ist, kann dem anderen in ähnlichem Kontext eine unüberwindliche Hürde und vermeintliche Bloßstellung seiner Unfähigkeit sein. Ein Patentrezept für kindgerechtes, motivierendes und kompetentes Anleiterverhalten im Kinderturnen kann ich, so gerne ich auch möchte – nicht geben.
So einzigartig, wie wir selbst mit unserer (Vor-)Erfahrung und Wissen, unserer Geduld, Einfühlung, Fantasie und Intuition – kurz mit allen Fassetten unserer Persönlichkeit – sind, so unverwechselbar gestaltet sich die Begegnung mit Wesen und vielschichtigen inneren Vorgängen jedes einzelnen Kindes im pädagogischen und bewegungspädagogischen Prozess. Zweifelsohne gelten hier, wie übrigens im gesamten Kindergarten- oder

Schulalltag auch, die Grundsätze, jedes Kind seinem Wesen nach liebevoll und akzeptierend anzunehmen, es in seiner Individualität und Selbständigkeit zu fördern und gleichzeitig ein Auge auf den gesamten Gruppenprozess und die Strukturen des sozialen Miteinanders zu haben, die die Eingliederung in soziale (Spiel-)Regeln unserer Gesellschaft ermöglichen.

Ein Kind bewegt sich nicht, weil es fit, gesund oder schön sein will. Ein Kind bewegt sich aus der ihm ureigensten Freude und Lust an der Bewegung, aus dem Bestreben, dadurch die Welt in all ihrer Schönheit und Vielfalt kennen zu lernen und zu entdecken.

Auf dieser Grundlage habe ich mir eine Reihe von didaktischen Orientierungs- und Handlungsprinzipien für die Planung und Durchführung einer Bewegungsstunde zueigen gemacht (vgl. Renate Zimmer), die ich im Folgenden vorstellen möchte:

1) Bewegung ist Teil des Spiels, Spiel ist Teil der Bewegung.

2) Aktives Mitmachen, innere Anteilnahme und echte Begeisterung der AnleiterIn unterstützen die Teilnahmebereitschaft von Kindern.

3) Bewegung ist in jeder Altersstufe vollkommen, so wie sie ist und bedarf keiner Bewertung, allenfalls einer liebevoll vermittelten Korrektur, wenn Muskeln oder Gelenke allzu unphysiologisch belastet werden sollten.

4) Die Orientierung des Angebotes am natürlichen Bewegungsverhalten des Kindes mit seinen Grundbewegungsarten, wie z. B. kriechen, rollen, drehen, hüpfen, laufen, springen, hängen, ziehen, werfen, treten, drücken etc. und derer vielfältiger Kombinationsmöglichkeiten vermeidet ein Zu viel oder Zu wenig an Belastungsintensität. Ruhephasen sollten spätestens dann zugestanden werden, wenn das Bedürfnis dazu von den Kindern durch ihr Verhalten signalisiert wird.

5) Selbstverständlich muss auf die notwendige Sorgfalt hinsichtlich Unfall- oder Verletzungsgefahr im Raum (z. B. Beseitigung von Stolperfallen), bei der Verwendung von Materialien und/oder Geräten (z. B. Überprüfen auf scharfe Ecken oder Kanten, kindgerechter Umgang erklären, Fallschutz an Geräten) und allgemein gültige, sinnvolle Verhaltensregeln in der Bewegungsstunde (nicht schubsen oder stoßen etc.) geachtet werden.

6) Das zum Einsatz kommende Material muss sauber und in ausreichender Stückzahl angeboten werden können und einen hohen Aufforderungscharakter für Kinder haben.
Pro Stunde oder Geschichtenreihe biete ich meist nicht mehr wie ein- bis zwei Materialien an. Bei einem Überangebot können sich die Kinder nicht mehr auf eine Sache konzentrieren, „springen" von einer Idee zur nächsten, ohne diese auszuagieren. Aktionen bleiben an der Oberfläche.

7) In jeder Bewegungsstunde haben die TeilnehmerInnen Gelegenheit, Materialien in freiem Experiment auf ihre Funktionen, Spiel- und Bewegungsmöglichkeiten zu erkunden. Was da von selbst, ohne Vorgabe von Erwachsenen entsteht, ist oftmals so faszinierend und vielseitig, dass es einen Großteil der Zeit ausfüllt.

8) Während meiner Beobachtungen in der freien Experimentierphase sammle ich Ideen und Vorschläge der Kinder und nutze sie als Grundlage für aufbauende oder fortführende Bewegungsaufgaben und Spiele. Ich gehe davon aus, dass jede/r so gut mitmacht, wie er/sie vermag. Deshalb formuliere ich Bewegungsaufgaben so offen, dass die Kinder die Möglichkeit haben, sie nach Erfahrungsstand und Fähigkeiten zu lösen.

9) Wiederholung ist kein Zeichen fehlender Anleiterideen oder schlechter Vorbereitung, sondern wichtiger Bestandteil jeglichen Lernens.

Die Kinder geben sehr direkt Rückmeldung über das, was „ankommt" oder als Spiel- oder Bewegungsidee noch nicht ausgereizt ist.

10) Hin und wieder kommt es vor, dass Kinder aus für uns mehr oder weniger nachvollziehbaren Gründen lieber erst einmal zuschauen wollen.

Meistens bedeutet dies nicht, dass sie sich dem Lern- und/ oder Bewegungsprozess entziehen. Vielmehr vollzieht sich die Aktivität zunächst innerlich. Diese Kinder beobachten andere in ihrer Bewegung in Bezug auf den thematischen oder materialen Kontext. Sie gehen sozusagen in einen inneren Dialog, um ihre Widerstände oder Ängste mit sich selbst „auszudiskutieren".

Signalisiert die/der AnleiterIn, dass dies völlig akzeptiert ist und jedes Kind die freie Wahl der Teilnahme hat, wird es bald wieder im aktiven Spiel-und Bewegungsgeschehen willkommen sein.

11) Meine Stundenplanung richtet sich je nach Altersgruppe auf 45–60 Minuten Dauer. Nach einer angemessenen Aufwärmphase von 5–10 Minuten für den Körper (Aufwärmen der Muskulatur z. B. durch Laufspiele) und die Seele (Einstimmung auf die Gruppe, Abbau von Hemmungen), biete ich Motivationsphase (mentale Einstimmung auf das Thema durch Teile der Geschichte, Rätsel, Lieder, Fingerspiele, Gespräche etc.), Aktionsphase (Materialerkundung, Bewegungsexperimente, Bewegungsaufgaben und -spiele) und Ruhephase (z. B. Fantasiereisen, Atemübungen, Entspannung, Massage)in ständigem, an den Bedürfnissen der Gruppe orientiertem, Wechsel an.

Spielgeschichten für die Bewegungsstunde – Zum Einsatz in der Praxis

„Spielgeschichten für die Bewegungsstunde" sind ein Vorschlag, Kinderturnen ganzheitlich zu gestalten.Wir wissen, dass Kinder im Alter ab drei Jahren besonders offen und sensibel für die Welt der Märchen und Geschichten sind. Sie regen die Fantasie an und bieten bei genauerer Betrachtung eine Fülle von Bewegungsanlässen, die höchst motivierend sind. Bewegung kann so nicht nur als unmittelbarer Ausdruck kindlicher Lebensfreude, sondern als Mittel der Welt- und Wirklichkeitserfahrung verstanden werden.

Bewegungserziehung wird nicht diktiert, sondern orientiert sich an den Bedürfnissen der Kinder, ihren Vorlieben und an ihrer Art, die Welt zu erleben und zu begreifen. Insofern geht es weniger um das Trainiern sportlicher Fertigkeiten, als um vielfältige Erlebnisangebote unter Einbezug aller Sinne.

Mit Geschichten, (Sinnes-) Spielen, Klängen und Sprechversen und unter Verwendung leicht beschaffbarer Gebrauchs- und Alltagsmaterialien werden Kinder immer wieder zu schöpferisch-kreativem Ausdruck angeregt. So nähert sich ungerichteter Bewegungsdrang behutsam einer bewussten Gestaltung: Fantasie wird zur Kreativität, Unruhe zu Initiative, Bewegung zum Teil von Spiel und zur Bearbeitung all dessen, was die Kinder durch die Geschichte innerlich bewegt.

In der praktischen Anwendung können sich über den Verlauf von einer Stunde bis mehreren Stunden die Phasen des Erzählens oder Vorlesens mit denen der Spiel- und Bewegungsideen abwechseln. Diese sind im B-Teil der Vorlesetexte als Spiele, Übungen und Bewegungsaufgaben chronologisch am Inhalt orientiert, zusammengetragen und mit Nummern versehen, die in der Geschichte an den entsprechenden Stellen markiert sind.

So ergänzen sich die Phasen der „inneren Motivation" durch die Identifikation mit Figuren oder Geschehnissen der Geschichte mit denen der „äußeren Handlung" durch Bewegung und Spiel. Beim Zuhören können sich Kinder regenerieren und körperlich zur Ruhe kommen, während die aktiven Bewegungsphasen einen Ausgleich zu konzentrierter geistiger Aktivität und Stillsitzen oder -liegen schaffen. Dieser Wechsel von Ruhe und Aktion entspricht dem natürlichen Lernen und Bewegungsverhalten von Kindern in dieser Altersstufe und sollte deshalb in sinnvollem zeitlichen Abstand aufeinander folgen. Es zeigt sich, dass die Fülle des Materials für mehrere Bewegungsstunden pro Geschichte ausreichend ist, deren erster Teil in der Wiederholung von Geschehen und Bewegungsangeboten der vorangegangenen Stunde bestehen kann. Auch inhaltlich lassen sich die Geschichten gut in themenorientierte Projekte des Vor- und Grundschulbereiches einbinden.

Ich halte die Konzepte für meine Turn- und Bewegungsstunden mit Kindern sehr offen und lasse sich situativ ergebende Veränderungen zu. Viele der vorliegenden Spiel- und Bewegungsvorschläge stammen von Kindern aus meinen Kursen oder wurden aus meiner Reaktion auf Atmosphäre und von mir wahrgenommenen Bedürfnissen geboren, modifiziert, variiert. Die Geschichten sind lebendige Substanz unserer lebhaften und partnerschaftlich orientierten Kommunikation – bei der es niemanden gibt, der es „besser weiß"–, und unterliegen stetigem Wandel. So kann es durchaus sein, dass neue Details oder andere Ausgangsweisen entstehen, weil Kinder es so wollen.

Ich lade Sie deshalb ein, die vorliegenden Geschichten und Ideen als Orientierungshilfe zu sehen, die Ihnen Lust machen, Ihre eigenen Geschichten zu erfinden oder Bilderbücher und Märchen auf ihre Bewegungs- und Spielanlässe zu hinterfragen. Haben Sie den Mut, in Ihre Kreativität und Fantasie einzutauchen um dort, auf dem Grunde Ihres Wesens Ihr eigenes, vielleicht schon lange verloren geglaubtes inneres Kind wieder zu finden. Haben Sie den Mut zum Experiment! Die Kinder werden aufgeschlossene Begleiter sein ...

JOCKEL UND DER SCHWAMM

Bewegungsgeschichte mit Haushaltsschwämmen

Zum Material:

Gebraucht werden mindestens 50–60 Haushaltsschwämme. Sie sind z. B. im Schlussverkauf günstig zu kaufen und häufig in verschiedenen Farben sortiert. Da das Material sehr weich und nahezu unbegrenzt belastbar ist, birgt es kaum Verletzungsgefahr und ist auch von kleineren Kindern gut zu handhaben. Manche Schwämme haben eine raue und eine weiche Seite, sodass unterschiedliches taktiles Erleben möglich wird. Die Form ähnelt meist großen Bauklötzen und als solche werden sie gerne eingesetzt. In der Waschmaschine können sie bei niedriger Temperatur problemlos gereinigt werden.

A Vorlesen und Erzählen

Es war einmal ein kleiner Schwamm. Der lag mit all seinen Brüdern und Schwestern im Regal eines Supermarktes. Doch da wollte er nicht bleiben. Er wollte etwas von der Welt sehen. (2) Bald war es so weit: Zuerst landete er in einem Einkaufswagen, und dann in einem wunderschönen weißen Bad mit hohen Spiegeln und einem großen Fenster zum Garten.

Das schönste war für ihn, wenn er mit der kleinen Tine in der Badewanne schwimmen durfte. Sie rubbelte sich den ganzen Körper mit ihm ab, seifte ihn gründlich ein, warf ihn hoch in die Luft oder ließ ihn so laut aufs Wasser platschen, dass die Spritzer in hohem Bogen über die Badewanne fielen. (3)

Von seinem Platz neben der Seifenschale konnte der kleine Schwamm aus dem Fenster sehen. Bald wurde es Winter und er schaute sehnsüchtig auf den Schnee, der mit weißen Flocken den Garten bedeckte. Ach, wie gerne würde er draußen mit Tine und ihren Freundinnen spielen! Sie machten eine Schneeballschlacht, und als sie ganz außer Atem waren, rollten sie dicke Schneekugeln und bauten daraus einen großen Schneemann. (4), (5), (6), (7), (8), (9)

Im Frühling, als die Osterglocken und Tulpen blühten und die Veilchen unter den Hecken wunderbar dufteten, wurde unser Schwamm mit Handtüchern und Hemden in die Waschmaschine gestopft. Ei, das war ein Spaß! Sie tanzten und drehten sich lustig im Reigen und wurden um- und herumgewirbelt. Als sie herauskamen, war der Schwamm wieder schön sauber. (10) Die Hausfrau, Tines Mama, brachte die Wäsche in den Garten, wo sie in der Sonne ausruhen und trocknen durfte. (11)

Gerade, als der Schwamm ein wenig eingedöst war, schnappte jemand nach ihm, schüttelte ihn und trug ihn davon. Unser Schwamm erschreckte sich furchtbar, doch dann erkannte er

Jockel, Tines Hund. Vorsichtig trug er ihn zwischen den Zähnen. „Losch, komm", sagte er, „isch will dir wasch tscheigen ..."
(12)
Und schon ging es durch ein Loch im Gartenzaun, durch ein kurzes Waldstück, mit einem Sprung über den Bach, über eine große, frisch gemähte Wiese ... Oh je, unserem Schwamm wurde vom vielen Hin- und Herschaukeln schon ganz schwindelig. Doch plötzlich blieb Jockel stehen.
„Da schau!", sagte er, „sind die nicht wunderschön?" Der Schwamm öffnete vorsichtig die Augen. „Ui!!! Wunder – wunderschön!", erwiderte er.
Auf einer eingezäunten Koppel standen sechs prachtvolle Pferde (13). Sie reckten ihre Hälse, scharrten mit den Hufen, wieherten und trabten über die Wiese zu ihnen. Neugierig beschnupperten sie den Hund und seinen seltsamen Freund. „Ich komme oft hierher", sagte Jockel. „Immer, wenn keiner im Haus Zeit für mich hat. Dann schaue ich zu, wie sie laufen und springen. Manchmal sogar über Steine und Büsche."
Als hätten sie es verstanden, warfen die Pferde ihre Köpfe zurück und sausten in wildem, lustigen Galopp über Stock und Stein. – Als sie genug gesehen hatten, brachte Jockel den Schwamm wieder nach Hause. (14), (15), (16)
„Da bist du ja, du Ausreißer", rief Tine, die den Hund schon lange gesucht hatte, nachdem sie aus der Schule gekommen war. „Du hast den Schwamm geklaut! Da wird Mama aber schimpfen!"
Mama schimpfte aber gar nicht. Im Gegenteil – sie war froh, dass beide Ausreißer wieder wohlbehalten zurückgekommen waren. Jockel durfte seinen Freund sogar als Spielzeug behalten.
Von da an waren die beiden unzertrennlich. „Wie Kaugummi", sagte Tine. Dicht aneinander gekuschelt schliefen sie nachts im Hundekörbchen, und am Tage erlebten sie noch viele Abenteuer. (17), (18)

B Spielen und Bewegen

Was liegt unter der Decke? ①

Ratespiel, Tastspiel
Ort: Turn- oder Bewegungsraum, Gruppenraum
Dauer: ca. 5–10 Minuten
Gruppengröße: 12–16 Kinder
Alter: ab 3 Jahre
Material: Haushaltsschwämme; 1 große Decke oder Tuch

Beschreibung:

Bevor die Bewegungsstunde beginnt, werden die Schwämme von der Anleiterin zu einem kleinen Berg aufgetürmt und mit dem Tuch vollständig bedeckt. Die Kinder dürfen nicht wissen, was unter dem Tuch liegt. Sie versammeln sich im Sitzkreis um den Deckenberg und raten zunächst auf Grund der optischen Wahrnehmung, was unter dem Tuch liegen könnte. Dann dürfen alle mit den Händen auf dem Tuch tasten. Wer will, schließt dazu die Augen. Anschließend legt sich jede/r der Reihe nach mit Rücken und/oder Bauch in den Deckenberg hinein, spürt den Untergrund und beschreibt, wie er sich anfühlt. Im nächsten Schritt fassen alle Kinder gleichzeitig mit den Händen ohne zu schauen unter die Decke. Was fühlst du? Verbale Ratetipps können abgegeben werden. Auf 1, 2, 3 schwingen alle gleichzeitig das Tuch hoch und lüften das Geheimnis.

20

Kommentar:

Bei diesem Spiel geht es um Sensibilisierung der taktilen Wahrnehmung von Händen und Körper und deren Unterschiedlichkeiten. Die Kinder werden durch das Raten und Beschreiben an Begriffe wie weich, rau, eckig, groß, klein herangeführt. So können Sprachvermögen und begriffliche Vorstellung erweitert werden. Häufig stellen Kinder Vergleiche aus ihrem Lebensalltag an, z.B. wie im Bett etc.

Die Spielleiterin sollte darauf achten, dass alle Kinder ihren Ratetipp abgeben können und keiner davon zu früh als richtig oder falsch bewertet wird. Bei dem Verweis, dass unter der Decke die „Hauptperson" der Bewegungsgeschichte versteckt ist, werden Neugierde und Motivation für den weiteren Verlauf geweckt.

Mit Schwämmen ② experimentieren

Offene Bewegungsaufgabe, freies Spiel
Ort: Turn- oder Bewegungsraum
Dauer: ca. 10 Minuten
Gruppengröße: 12–16 Kinder
Alter: ab 3 Jahre
Material: 1 Schwamm pro Kind

Beschreibung:

Jedes Kind wählt sich einen Schwamm nach Größe und Lieblingsfarbe aus und probiert, wie es sich damit bewegen und was es damit spielen kann. Auch Begegnungen zu zweit oder zu dritt sind erlaubt.

Variante:
Alle Schwämme werden auf dem Fußboden verteilt und können „bespielt" werden.

Kommentar:
Jüngere oder ungeübte Kinder kommen unter Umständen sehr schnell an ihre Kreativitätsgrenze, da ihnen das Material als Spiel- und Bewegungsanreiz noch nicht vertraut ist. (Nicht zu früh angebotene) individuelle Hilfestellungen oder Vorschläge der AnleiterIn helfen schnell über das „kreative Loch" hinweg. In der Regel haben die Schwämme jedoch einen hohen Aufforderungscharakter und laden auf Grund ihrer weichen Konsistenz bevorzugt zu Tobe- und Wurfaktionen ein.

Bewegungsaufgaben mit
③ Schwämmen

**Beobachtungsspiel, Bewegungsaufgaben nach dem
Prinzip Führen und Folgen**
Ort: Turn- oder Bewegungsraum
Dauer: ca. 10 Minuten
Gruppengröße: 12–16 Kinder
Alter: ab 3 Jahre
Material: mindestens 50–60 Haushaltsschwämme

Beschreibung:

In Anlehnung an die Geschichte – Szenerie im Badezimmer – schlagen AnleiterIn und/oder Kinder Bewegungen vor, die mit einem/mehreren Schwämmen ausgeführt werden können. Alle Kinder setzen die Vorschläge individuell um.

Hier einige Beispiel: Was kann ich mit dem Schwamm machen?

putzen
- den Boden, die Wände, die Heizung, die Stühle (Raumorientierung, Raumwahrnehmung)
- sich selbst (Sinneswahrnehmung, Körperkenntnis, Körperbild)
- andere (Kontaktspiel)

tauschen
- (Kontaktspiel)

werfen
- hochwerfen und fallen lassen

- hochwerfen und auffangen
  (Hand-Augen-Koordination)
- anderen zuwerfen (Zielmotorik)
- auf den Boden aufklatschen (Arm-, Schulterkraft)

nur auf Schwämmen laufen
- (Koordination, Balance)

nur um Schwämme herumlaufen
- langsam/schnell
- vorwärts/rückwärts
  (Koordination, Geschicklichkeit)

über Schwämme steigen/springen
- auf einem/zwei Beinen
- im Gehen/im Rennen
  (Ausdauer, Koordination)

sich auf Schwämme legen und Ausruhen
  (taktile Erfahrung, Entspannung)

Kommentar:

Unterschiedliche und vielfältige Arten der Bewegung mit/auf/um Schwämme ermöglichen die Befriedigung individueller Tobe- und Bewegungsbedürfnisse. Die Liste lässt sich beliebig erweitern. Da Vorschläge der Kinder erwünscht sind, erleben sie, dass sie die Turnstunde aktiv und selbstbestimmt mitgestalten können.

Jedes Kind sollt zumindest eine Idee vorschlagen und umsetzen können. Jeder der hier zusammengetragenen Vorschläge ließe sich in viele weitere Varianten differenzieren.

Schneewehe

Pustespiel
Ort: Turn- oder Bewegungsraum, Gruppenraum
Dauer: ca. 5 Minuten
Gruppengröße: 12–16 Kinder
Alter: ab 4 Jahre

Material:

Pro Paar ein kleiner Schwamm, alternativ Wattebausch oder Tischtennisbällchen, ein Holzreif oder Seil; zur atmosphärischen Verdichtung Musik zum Thema ‚Winter'; z.B. Antonio Vivaldi, Die Vierjahreszeiten: Largo; Camille Saint-Saens, Karneval der Tiere: Aquarium

Beschreibung:

Die Kinder setzen sich zu zweit einander gegenüber. Hilfreich ist eine Spielfeldbegrenzung durch einen Gymnastikreif oder ein zu einem Kreis ausgelegtes Seil. Größere Kinder können sich in den Grätschsitz setzen, die gesamte Beinlänge auf dem Boden belassen und die Füße an die der PartnerIn stellen. Diese Stellung sollte wegen der starken Dehnung der Beinmuskulatur nicht zu lange gehalten werden.
Schwamm oder Wattebausch stellen den Schnee dar. Die Kinder atmen ruhig ein und pusten mit der Ausatmung den „Schnee" zwischen Beinen oder Begrenzung hin und her.

Varianten:

- Größere Kinder mögen dieses Spiel gerne mit Wettspiel-charakter: Eine Torbegrenzung (z. B. mit zwei Schuhen) wird auf jeder Seite eingerichtet. Jetzt muss die Schnee-wehe durch das gegnerische Tor gepustet werden. Das eigene Tor wird natürlich wie im Fußball – allerdings nur mit Pusten – verteidigt. Wer die meisten Tore hat, hat verloren.
- **Pustestraße:**
  Mit Bausteinen lässt sich eine Pustestraße mit beidersei-tiger kontinuierlicher Randbegrenzung auf dem Fußbo-den auslegen. Darauf achten, dass Kurven weit genug gelegt werden. Jetzt kann vom Start aus jedes Kind ein Tennisbällchen oder eine Wattekugel zum Ziel pusten. Teamarbeit mit zwei oder mehreren ist möglich.

Kommentar:

Dieses Spiel fördert Mundmotorik und Atemtiefe, wobei das Pusten vor allem eine längere und kräftigere Ausatemphase betont. Atemvolumen durch Bauchatmung kann vorsichtig ge-übt werden. Zur Kontrolle können die Kinder die Hand auf den Bauch legen.

Häufig wird zu Anfang mehr gespuckt, als gepustet. Deshalb sollte die AnleiterIn die Technik des Pustens erklären und dar-auf hinweisen, dass sich die Gegenstände nicht vom Platz be-wegen, wenn der Mund zu weit weg ist, die Lippen nicht richtig zu einem kleinen „O" geformt werden, oder wenn man von oben pustet. Wettspielcharakter sollte erst angeboten werden, wenn die Kinder Atem- und Pustetechnik sicher beherrschen.

Es schneit

Wurfspiel, offene Bewegungsaufgabe
Ort: Turn- oder Bewegungsraum, draußen
Dauer: ca. 5 Minuten
Gruppengröße: 12–16 Kinder
Alter: ab 3 Jahre
Material: mindestens 50–60 Haushaltsschwämme, unterstützende Musik: z. B: B.+ E. Hoffmann: „Heute woll'n wir rodeln", „Schnee und Eis"; aus „Musik macht Kinder froh", Musikkassette zum Sonderheft „Bausteine Kindergarten/Grundschule"

Beschreibung:

Wie in unserer Geschichte, wollen wir es im Turnraum schneien lassen. Alle Kinder werfen alle Schwämme, so schnell und so lange sie können, in die Luft.

Kommentar:

Bei diesem Spiel können Kinder angestaute Bewegungsenergie ausagieren. Achtung: Im Eifer des Gefechtes können schon mal Zusammenstöße vorkommen! Meist sammeln die Kinder einen ganzen Arm voller Schwämme, schleudern sie hoch in die Luft und lassen sich mit ausgestreckten Armen vom „Schnee" berieseln.

Schneeballschlacht

6

Lauf-, Wurf-, Reaktionsspiel
Ort: Turn– oder Bewegungsraum, draußen
Dauer: pro Durchgang ca. 5 Minuten
Gruppengröße: 12–16 Kinder
Alter: ab 4 Jahre
Material: mindestens 50–60 Haushaltsschwämme, unterstützende Musik: z.B. s. Punkt (5);CD Kollektion Musik und Sounds für Videofilmer: „Can Can Medley" nach Jacques Offenbach

Beschreibung:

Alle Schwämme sind als „Schnee" auf dem Boden verteilt. Jetzt machen die Kinder eine Schneeballschlacht. Mit Schneebällen (Schwämme) darf jeder jeden bewerfen. Um die Augen zu schonen, wird nur auf den Körper gezielt. Natürlich möchte sich niemand vom Schnee treffen lassen. Also aufpassen und ausweichen!

Kommentar:

Wie in (5) können die Kinder auch bei diesem Spiel überschäumende Bewegungsenergien ausagieren. Sie entscheiden dabei autonom über den Grad ihres Einsatzes. Spiele dieser Art können sehr gut vor ruhigeren, besinnlicheren Programmteilen angeboten werden, da die Kinder danach meist einer körperlichen Ruhephase bedürfen.

Neben der körperbezogenen, hat dieses Spiel jedoch auch eine soziale Komponente: Kinder lernen, nicht nur „auszuteilen" (abwerfen), sondern auch „einzustecken" (getroffen werden).

Schneemannspiel

Wurf-, Lauf-, Kooperations-, Kontaktspiel
Ort: Turn- oder Bewegungsraum, draußen
Dauer: pro Durchgang ca. 3–5 Minuten
Gruppengröße: 12–16 Kinder
Alter: ab 4–5 Jahre
Material: Haushaltsschwämme, ein Hut

Beschreibung:

Unter den Kindern wird ein Schneemann ausgewählt. Damit ihn alle erkennen können, setzt er sich einen Hut auf. Jetzt darf er die anderen Kinder aus der Gruppe mit einem Schneeball (Schwamm) abwerfen. Werden sie getroffen, müssen sie in der jeweiligen Position regungslos stehen bleiben. So „eingefroren", sind sie erst dann erlöst, wenn ihnen ein anderes Kind mit den Händen den Rücken warmreibt. Dann „tauen" sie auf und dürfen weiterlaufen. Schafft es der Schneemann, alle SpielerInnen einzufrieren?

Variante:

Sind die Kinder jünger oder die Gruppe sehr groß, empfiehlt es sich, zwei oder drei Schneemänner auszuwählen.

Kommentar:

Durch die Aufforderung zur Kooperation hat dieses Spiel eine soziale Komponente. Während des „Einfrierens" erleben und halten die Kinder Ganzkörperspannung. Durch Laufen, Ausweichen und schnelle Richtungswechsel werden Ausdauer, Geschicklichkeit und Reaktionsbereitschaft geschult. Da vor allem der Schneemann stark gefordert ist, erweist sich eine zeitliche Begrenzung von drei bis fünf Minuten (z.B. durch eine passende Musik) als hilfreich. Kurzes Ausruhen, anschließend können die Rollen getauscht und ein neuer Durchgang begonnen werden.

8
Schlittschlauf

Koordination, Balance, offene Bewegungsaufgabe
Ort: Turn- oder Bewegungsraum mit glattem Boden (Holz oder Linoleum)
Dauer: ca. 5–10 Minuten
Gruppengröße: 12–16 Kinder
Alter: ab 4 Jahre
Material: zwei Schwämme pro Kind (alternativ Gäste-handtuch oder Staubtuch), unterstützende Musik: Walzer z. B. Johann Strauß: „An der schönen blauen Donau", „Kaiserwalzer"; P. Tschaikowsky: „Blumenwalzer" aus „Nussknacker-Suite"; „Tanz der kleinen Schwäne" aus „Schwanensee"

Beschreibung:

Auf geht's zum Schlittschuhfahren. Jedes Kind sucht sich zwei Schwämme, stellt die Füße darauf und gleitet wie eine Eisprinzessin oder ein Eisprinz durch den Raum.

Varianten:

Variationen gibt es unzählige je nach der Geschicklichkeit der Kinder. Sie können auf einem Bein, vorwärts, rückwärts, alleine zu zweit, zu dritt etc, gleiten.

Kommentar:

Leider haften manche Schwämme recht gut am Boden und die Kinder kommen nicht vorwärts. Als Alternative können Staubtücher (Achtung: sehr rutschig) oder kleine Gästehandtücher angeboten werden. Wichtig ist, dass die Kinder während des Gleitens die Füße nicht von Material und Boden abheben. Durch den Widerstand des Bodens wird die Beinmuskulatur, insbesondere die des Unterschenkels, gekräftigt. Gleichgewicht und Koordination sind in hohem Maße gefordert.

Auf Teppichböden oder rauem Untergrund ist das Rutschen nicht möglich. Bevor die Kinder enttäuscht oder frustriert sind, wäre es ratsam, dass die AnleiterIn erst einmal selbst eine Runde „Eislauf" ausprobiert.

Pferdeschlitten ⑨

Rutschen, Ziehen, Transportieren; Rollenspiel; Bewegungsaufgabe
Ort: Turn- oder Bewegungsraum mit glattem Boden
Dauer: richtet sich nach der Kondition der AnleiterIn
Gruppengröße: jeweils ein Kind, alle anderen müssen Geduld haben
Alter: ab 3 Jahre
Material: ein Leintuch oder eine große Decke

Beschreibung:

Die Decke wird auf dem Boden ausgebreitet. Das Kind setzt sich in die Mitte, möglichst im Schneidersitz oder mit zur Brust angezogenen Knien, wobei die Füße dann auf der Erde stehen. Beide Pobacken sollen gleichmäßig belastet sein.

Jetzt werden die beiden Zipfel am Fußende sackartig eingeschlagen, hochgeklappt und dem Kind in beide Hände gegeben. Es soll sie gut fest halten. Das „Pferd" wird anschließend vorgespannt: Die AnleiterIn nimmt die beiden freien Enden am Kopfende, zieht sie straff und trabt – so den „Schlitten", in dem das Kind sitzt, hinter sich her ziehend – wiehernd und schnaubend durch den Raum.

Varianten:

Sitzt das Kind in beschriebener Weise mit der Decke zusätzlich auf einem Rollbrett, ist das „Schlittenziehen" für das „Pferd" weniger anstrengend. Unbedingt darauf achten, dass sich die Decke nicht in den Rädern verfängt!

Ab ca. sechs Jahren können sich die Kinder auch gegenseitig ziehen. Damit es für Einzelne nicht zu schwer wird, können auch zwei „Pferde" an jeweils einem Zipfel vorgespannt werden. Um Zusammenstöße zu vermeiden, empfiehlt es sich, jeweils nur 2–3 Gespanne loszuschicken.

Kommentar:

Unbedingt darauf achten, dass das Kind mit dem Rücken zur AnleiterIn und dem aufgenommenen Tuch sitzt! Sollte es während des Ziehens, z. B. in einer Kurve fallen, wird es im Tuch aufgefangen und so einer Verletzungsgefahr, vor allem am Hinterkopf, vorgebeugt.

Obwohl alle anderen Kinder warten müssen, und es folglich länger dauert, bis jede/r vom Pferdeschlitten abgeholt wurde, lieben die Kinder dieses Spiel sehr. Da sie eine gute Grundspannung in Rücken- und Pomuskulatur brauchen, um die Bewegung und Balance auszusteuern, wirkt diese Übung kräftigend auf die gesamte angesprochene Muskulatur und unterstützt die aufrechte Haltung der Wirbelsäule.

Waschmaschine

Offene Bewegungsaufgabe: Rollen, Wälzen, Drehen; taktile Sinneswahrnehmung
Ort: Turn- oder Bewegungsraum
Dauer: ca. 5 Minuten
Gruppengröße: 12–16 Kinder
Alter: ab drei Jahre
Material: mindestens 50–60 Haushaltsschwämme

Beschreibung:

Alle Schwämme werden dicht im Raum ausgelegt. Jetzt dürfen sich alle Kinder auf den Po setzen oder auf Rücken oder Bauch legen, und wie die Wäschestücke in der Waschmaschine über die Schwämme rollen, kugeln, wälzen, drehen.

Variante:

Sollte die AnleiterIn beobachten, dass die Kinder zu wild werden und sie dadurch Zusammenstößen ausgesetzt sind, bildet die Gruppe einen Sitzkreis auf dem Boden. Dieser ist das „Bullauge" der Waschmaschine, in dem alle Schwämme gesammelt werden. Jetzt werden abwechselnd 2–3 „Wäschestücke" (Kinder) hineingelegt, und die Gruppe beobachtet die Bewegung. Eventuell kann ein langsamer oder schneller Waschgang gewünscht oder mit der Stimme begleitet werden.

Kommentar:

Roll- und Drehbewegungen sind Bewegungsmuster, die das Kind bereits im Mutterleib erfahren und üben kann. Sie fordern die gesamte Rumpfmuskulatur, sowie Arme und Beine. Durch den massageähnlichen Kontakt mit Material und Untergrund erleben Kinder taktile Wahrnehmung am ganzen Körper. Die Durchblutung wird angeregt. Da die Roll- und Drehbewegungen z. T aus dem Schwung entstehen, aber dennoch in Stärke und Richtung willentlich gesteuert werden müssen, werden Koordination und Geschicklichkeit trainiert und die Stützmotorik von Armen und Beinen gefordert.

Rollstraße

Bewegungsaufgabe: Rollenspiel; taktile Sinneserfahrung; Konstruktionsspiel
Ort: Turn- oder Bewegungsraum
Dauer: ca. 10–15 Minuten
Gruppengröße: 12–16 Kinder
Alter: ab 3 Jahre
Material: mindestens 50–60 Haushaltsschwämme

Beschreibung:

Alle Schwämme werden von den Kindern als „Pflastersteine" in einem großen Korb gesammelt und zu einer „Straße" von ca. 50–60 cm Breite ausgelegt. Darauf achten, dass die Schwämme dicht aneinander gelegt werden! Jetzt legen sich die Kinder nacheinander zu Beginn der Pflasterstraße auf Rücken oder Bauch, die Arme werden auf dem Boden über dem Kopf ausgestreckt, die Beine werden lang abgelegt, Kopf und Rumpf liegen auf den Schwämmen. Mit ausreichendem Abstand (Zusammenstöße vermeiden!) rollen die Kinder in dieser Ganzkörperstreckung die Rollstraße entlang.

Kommentar:

Vor allem kleinere Kinder fangen meist an, zu „eiern", d.h. sie rollen schräg und rutschen von den Schwämmen. Dies hängt meist mit einer ungenügenden Körperstreckung und Körperspannung zusammen. In diesem Falle kann die AnleiterIn zu kleinen Pausen zwischen zwei Körperrollen ermuntern, in der das Kind sich neu ausrichten kann.

Gestrecktes Ganzkörperrollen fördert hohe koordinative Leistungen von Wirbelsäule, Becken und Schultergürtel. Diese Bereiche werden sukzessiv bewegt, was vor allem die Elastizität in der Wirbelsäule begünstigt. Das Rollen über den Untergrund regt, einer Massage vergleichbar, die Durchblutung aller von der Berührung betroffenen Körperstellen an, die Sinnesrezeptoren der Haut werden aktiviert.

Trag' den Schwamm

Offene Bewegungsaufgabe: Koordination, Balance, Geschicklichkeit
Ort: Bewegungs- oder Turnraum; draußen
Dauer: ca. 5–10 Minuten
Alter: ab 3 Jahre
Material: pro Kind ein Schwamm

Beschreibung:

In unserer Geschichte trägt der Hund Jockel den Schwamm in seinem Maul. Kannst du auch verschiedene Arten des Tragens ausprobieren?

Beispiele:

tragen	• mit einer/mit zwei Händen
	• mit den Zähnen
	• zwischen den Knien eingeklemmt
	• zwischen Ellbogen und Rumpf eingeklemmt
balancieren	• auf dem ausgestreckten Handteller
	• auf dem ausgestreckten Handrücken
	• auf dem Kopf
	• auf der Schulter
	• im Knie-Hand-Stand (Krabbelstellung) auf dem Rücken
	• auf dem Fußrist

Variante:

Sobald die Kinder in ihrer Bewegung einigermaßen sicher sind, können zusätzliche Aufgaben gestellt werden.

Beispiele:
- zwei oder mehrere Schwämme aufeinander legen
- langsam/schnell gehen
- laufen/Slalom laufen
- sich hinsetzen und wieder aufstehen, ohne dass der Schwamm zu Boden fällt
- vorsichtig rückwärts gehen ohne irgendwo anzustoßen
- Eine weitere Möglichkeit sind Staffelspiele, die aus diesen Grundformen abgeleitet werden: Die Teilnehmergruppe wird in zwei gleichgroße Mannschaften eingeteilt. Sie stehen jeweils in einer Reihe hintereinander an der Startlinie. Auf der Ziellinie steht für jede Gruppe ein Korb bereit. Jetzt werden Art/en des Tragens vereinbart, mit denen bereitgelegte Schwämme zum Korb transportiert werden müssen. Gewonnen hat, wer die gleiche Anzahl der Schwämme zuerst im Korb

hat, oder wer in einer festgelegten Spielzeit die meisten Schwämme zum Korb transportieren konnte.

Weitere Erschwernisse:
- Hindernisse (z. B. unter Tischen durch, über Stühle klettern)
- bei gefallenen Schwämmen muss der/die Spieler/in zum Start zurück

Kommentar:

Durch unterschiedliche Benennung und Einsatz der Körperteile entwickeln die Kinder nicht nur eine Vorstellung von ihren Körperteilen, Lage und Bewegungsmöglichkeit. Sie kommen zu einer Vielzahl nicht alltäglicher Körperhaltungen und Fortbewegungsarten, die Muskeln, Balance und Koordination spielerisch trainieren und die Vorstellung vom eigenen Körperbild vervollständigen helfen. Drei- und die meisten Vierjährigen sind mit Staffelspielen überfordert.

⑬ Pferdchenspiel

Bewegungsaufgabe: Laufen, Springen; Rollenspiel
Ort: Bewegungs- oder Turnraum; draußen
Dauer: ca. 10 Minuten
Alter: ab 3 Jahre
Material: mindestens 50–60 Haushaltsschwämme

Beschreibung:

Die Schwämme sind als „Steine" ungeordnet auf dem Fußboden im Raum verteilt. Alle Kinder verwandeln sich in wunderschöne Pferde: Sie heben ihre Vorderhufe (Arme) und wiehern, scharren mit den Hinterhufen (Füße) auf dem Boden, schütteln ihre wunderschönen Mähnen (Kopf und Nacken), schnauben und zeigen ihre langen Schweife (Popowackeln). Die AnleiterIn fragt jedes Pferd nach seinem Namen und nach seiner Fellfarbe.

Alle Pferde setzen sich (in aufrechter Haltung) auf der „Pferdekoppel" (Raum) in Bewegung. Die „Steine" werden überstiegen, übersprungen, umrundet usw.

Kommentar:

Dieses Rollenspiel fördert die Identifikation mit den Geschichtenfiguren und die visuelle Vorstellung mit erinnerten, beobachteten Bewegungsmustern aus der Natur.

Verschiedene Arten des Hüpfens, Springens und Laufens mit hochgezogenen Knien (Pferdchenlauf) können erprobt werden. Meist gibt es Kinder, die zunächst auf allen Vieren laufen. Um ihren Bewegungsspielraum zu erweitern, kann die AnleiterIn darauf hinweisen, dass menschliche „Pferdchen" auch auf zwei Beinen laufen können.

Steine sammeln

14

Bewegungsaufgabe: Laufen, Sammeln; Wettspiel; Raumorientierung
Ort: Bewegungs- oder Turnraum; draußen
Dauer: ca. 3–5 Minuten
Gruppengröße: 12–16 Kinder
Alter: ab 3 Jahre
Material: mindestens 50–60 Haushaltsschwämme; Gymnastikreifen oder Seile; unterstützende, flotte Musik

Beschreibung:

Alle Kinder suchen sich einen Platz im Raum oder in einem markierten Spielfeld auf der Wiese und kennzeichnen ihn mit einem Gymnastikreifen oder einem Seil, das zu einem Kreis gelegt wird.

Für die Dauer eines flotten Musikstückes sammeln die Kinder so viele Schwämme wie möglich in ihrem „Reifenhaus". Die Schwämme wurden zuvor auf der Spielfläche wahllos verteilt. Fremde Häuser dürfen nicht mehr ausgeräumt werden. Das Spiel ist zu Ende, wenn die Musik aus ist, oder alle Schwämme eingesammelt wurden.

Varianten:

Um Spieldauer oder Schwierigkeitsgrad zu erhöhen, können weitere Spielregeln eingeführt werden:

Beispiele:
- Trage nur jeweils einen „Stein" (= Schwamm) in dein Haus.
- Zwei Kinder haben ein Haus und sammeln gemeinsam.
- Das Transportieren der Steine ist an bestimmte Tragetechniken gebunden.
- Nur ausgewählte Farben werden gesammelt. (Gleiche Anzahl von Schwämmen in verschiedenen Farben müssen vorhanden sein)

Kommentar:

Vor allem jüngeren Kindern kann es Schwierigkeiten bereiten, sich im Raum mit einer sich ständig bewegenden Gruppe so zu orientieren, dass sie ihr eigenes „Haus" wieder finden. Eine zusätzliche optische Kennzeichnung, z.B. ein eigener Schuh, ist in diesem Falle hilfreich.

Hindernisse bauen

Konstruktion, Geschicklichkeit
Ort: Bewegungs- oder Turnraum, draußen
Dauer: ca. 5 Minuten
Gruppengröße: 12–16 Kinder
Alter: ab 3 Jahre
Material: mindestens 50–60 Haushaltsschwämme

Beschreibung:

Die gesammelten „Steine" (= Schwämme) vgl. (14) sind Baumaterial für Hindernisse im Pferdeparcours, von denen jedes Kind nach seiner Vorstellung für Höhe und Breite eines baut.

Kommentar:

Nach einer relativ bewegungsintensiven Vorphase (vgl. (14)) bietet dieses Konstruktionsspiel Möglichkeiten zur Regeneration und zur Normalisierung des Atems.
Schwämme sind in ihrer Form Bausteinen ähnlich, haben jedoch durch ihr weiches Material eine höhere Federbereitschaft, wodurch Türme einsturzgefährdeter sind und weniger Stabilität aufweisen. Konstruktionen müssen sehr vorsichtig aufgeschichtet werden, was die Feinmotorik und Koordination von Arm und Hand enorm beansprucht.

Pferdchensprung-Turnier 16

Bewegungsaufgabe; Geschicklichkeits-, Hüpfspiel
Ort: Bewegungs- oder Turnraum, draußen
Dauer: ca. 10–15 Minuten
Gruppengröße: 12–16 Kinder
Alter: ab 3 Jahre
Material: Schwämme

Beschreibung:

In Spiel Nr. (15) haben wir einen Springparcours für unsere „Pferdchen" vgl. (13) aufgebaut. Die Anleiterin stellt sich als „Reporterin" vor. Sie kündigt jedes einzelne Pferd mit Startnummer und Namen an und kommentiert das Geschehen im Parcours.

Alle „Pferde" (Kinder) treten mit gebührendem zeitlichen Abstand in den Parcours und überwinden die Hindernisse. Wer nicht dran ist, feuert als Zuschauer die jeweiligen Pferde an. Hindernisse, die eventuell zusammenstürzen, werden von „Streckenarbeitern" wieder aufgebaut.

Kommentar:

Wenngleich in erster Linie verschiedene Arten des Hüpfens und Springens angewendet werden sollen, sollte die AnleiterIn den Kindern vermitteln, dass es nicht um „am weitesten oder am höchsten springen" geht, sondern um die Vielfalt der Möglichkeiten, mit der Hürden überwunden werden können. Da Schwämme keinen Widerstand bieten, können Stolper-

44

fallen und Verletzungsgefahr nahezu ausgeschlossen werden. Unbedingt darauf achten, dass die festgelegte Reihenfolge der Hindernisse eingehalten wird, wenn mehrere Kinder gleichzeitig im Parcours agieren. (Gefahr von Zusammenstößen!)

Kaugummi

Offene Bewegungsaufgabe; Körperkenntnis; Kontakt-, Kooperations-, Koordinationsspiel
Ort: Bewegungs- oder Turnraum; draußen
Dauer: ca. 10 Minuten
Gruppengröße: 12–16 Kinder
Alter: ab 5 Jahre
Material: pro Paar ein Schwamm

Beschreibung:

Zwei PartnerInnen finden sich und „kleben" über die Kontaktstelle Schwamm mit je einem Körperteil aneinander fest. So verbunden bewegen sie sich durch den Raum, ohne den Kontakt aufzugeben. Der Schwamm soll nicht zu Boden fallen. Anschließend werden zwei neue Kontaktstellen ausgewählt oder durch die Anleiterin bestimmt.

Varianten:

Die Klebestellen können auf zwei oder drei Schwämme erweitert werden. Dabei empfiehlt es sich, dass ein drittes Kind die Kontaktstellen vorgibt und die Schwämme an die entsprechenden Stellen platziert, da sie sonst immer wieder herunterfallen. Anschließend werden die Rollen getauscht. Ältere Kinder können sich in verschiedenen Raumebenen, z.B. auf dem Boden, dicht über dem Boden, in der Hocke, mit Kniegang etc. fortbewegen.

Kommentar:

Dieses Spiel stellt hohe Anforderung an die kindliche Einfühlung und Geschicklichkeit. Fortbewegung und Kontakt lassen sich durch ein ausgewogenes Maß an Druck und Gegendruck koordinieren.

Da der Schwamm als Medium dazwischengeschaltet ist, können Berührungshemmungen oder -ängste schneller abgebaut werden. Nonverbale Kommunikation und Empathie in den/die PartnerIn werden gefördert. Die Anleiterin sollte deshalb darauf achten, dass dieses Spiel in der Stille ausgeführt wird und Gespräche oder verbale Verständigung zurückgestellt werden.

18 Hundekörbchen

Entspannung, Kontakt, Konstruktion
Ort: Bewegungs- oder Turnraum
Dauer: ca. 5–10 Minuten
Gruppengröße: 12–16 Kinder
Alter: ab 3 Jahre
Material: mindestens 50–60 Schwämme, Decken unterstützende Musik: Entspannungsmusik; z. B. Rolf Zuchowski, „Die Vogelhochzeit": „Sieh nur, die Sterne"

Beschreibung:

Alle Kinder legen alle Schwämme und Decken zu einem großen Hundekörbchen zurecht, in das alle, so wie sie möchten – übereinander, nebeneinander – hineinkriechen. Wenn alle einen Platz gefunden haben, schließen sie die Augen, hören auf die Musik und/oder das Ende der Geschichte, das die Anleiterin leise und stimmungsvoll erzählt.

Nach der Ruhephase fordert die Anleiterin die Kinder auf, tief ein- und auszuatmen, sich zu räkeln und zu strecken, zu gähnen, die Augen zu öffnen und langsam aufzustehen.

Kommentar:

Mit dieser Form der Entspannung können die Kinder weitgehend selbstbestimmt die, für die Ruhephase nötige, Nähe oder Distanz zu anderen TeilnehmerInnen herstellen. Der sich in den meisten Fällen ergebende, enge Körperkontakt lenkt die Wahrnehmung auf eigene und fremde Körperwärme, Atembewegungen und Atemgeräusche und ist ein verbindendes Erlebnis für die Gruppe.

Ungeübte Kinder werden ihre Unsicherheit möglicherweise durch Lachen und Blödeln signalisieren. Deshalb sollte die ÜbungsleiterIn genügend Zeit geben, um zur Ruhe zu kommen und das Erzählen erst dann beginnen, wenn sich Stille eingestellt hat.

DIE HEXE WIRGEL SCHMIRGEL IN DER STADT

Bewegungsgeschichte mit Zollstöcken; Bewegungsparcours zum Thema „Verkehr" unter Einsatz von Holzbrettern, Gymnastikstäben oder Besenstielen, Seilen, Staubtüchern

Zum Material:

Gebraucht werden mindestens 40 Zollstöcke, die im Fachhandel erhältlich sind, oft aber von großen Baufirmen kostenlos abgegeben werden.

Das Material ist vielen Kindern unbekannt. Deshalb muss der Umgang damit vorher unbedingt erklärt, und auf Gefahrenquellen, wie scharfe, metallverstärkte Ecken, aufmerksam gemacht werden. Im Einsatz mit Zollstöcken lasse ich Kinder grundsätzlich mit leichtem Schuhwerk turnen, damit die Füße vor potenziellen Verletzungen geschützt sind. Die Wandelbarkeit der Form übt auf die Kinder eine große Faszination aus, weshalb Zollstöcke sehr variabel in der Bewegungsstunde – jedoch mit der nötigen Sorgfalt – eingesetzt werden können.

A Vorlesen und Erzählen

(1) Es lebte einmal irgendwann irgendwo eine Hexe mit dem Namen Wirgel Schmirgel. Sie wohnte in einer kleinen Hütte auf einer wunderschönen Waldlichtung nahe einer kleinen Stadt. Wirgel Schmirgel war keine gewöhnliche Hexe, denn sie hatte

keinen Spaß daran, böse Dinge zu tun. Allem konnte sie noch etwas Gutes abgewinnen. Deshalb trug sie auch keinen schwarzen Hexenhut, sondern einen weißen. Und auf ihrer Schulter saß kein Rabe, sondern eine weiße Taube.

Im gleichen Wald hausten in einer dunklen Höhle zwei böse Hexen. Die waren so bösartig, dass sie den ganzen Tag in ihre Zauberkugel starrten und sich gegenseitig darin überboten, sich neue Gemeinheiten auszudenken.

Einmal hexten sie mitten im Sommer, als die Menschen in der kleinen Stadt im Sonnenschein Eis aßen, sich im Freibad sonnten oder im Garten grillten, dicke schwarze Wolken. Ein Platzregen mit Blitzen und Donner jagte die Leute auseinander. Je nasser sie wurden, je wilder lachten die bösen Hexen und tanzten in ihrer dunklen Höhle um das Feuer.

Wirgel Schmirgel, die das alles beobachten konnte, taten die Menschen leid, wie sie pitschnass durch die Straßen wateten. Sie sah die enttäuschten Gesichter der Kinder, die in Scharen aus dem Schwimmbad rannten. Und an Stelle des Platzregens fiel – schwuppdiwupp – leckeres Eis vom Himmel. Schokolade, Himbeer und Vanille. Ihr könnt euch vorstellen, wie gerne die Leute da auf der Straße blieben. Noch Jahre später erzählte man sich von dem Eisregen mitten im Hochsommer …

Da sie den Zauber nie ganz aufheben konnte, änderte Wirgel Schmirgel jeden Zauberspruch, den die bösen Hexen aussprachen so ab, dass den Menschen etwas Gutes wiederfuhr. Bald war sie bekannt und beliebt in der ganzen Stadt. Überall wohin sie mit ihrem Hexenbesen flog, winkten ihr die Leute zu und riefen: „Seht, da ist Wirgel Schmirgel! Komm zu uns, gute Hexe, wir laden dich ein." (2)

Das ärgerte die boshaften Hexen. Neidisch starrten sie in ihrer Höhle vor sich hin und sannen auf Rache.

In der Nacht, als alles schlief und nur der Mond groß und golden am Himmel stand, stiegen sie auf ihre Besen und ritten zur Hütte der guten Hexe, die schnarchend in ihrem Bett lag. Neben der Hüttentür lehnte Wirgel Schmirgels Hexenbesen. Den schnappten sich die beiden und flogen damit kichernd und kreischend durch die Nacht davon. Nie wieder hat man etwas von ihnen gehört. (3)

Nun ist es aber so, dass jede Hexe in ihrem Hexenleben nur einen Hexenbesen besitzen kann. Ohne Besen würde die gute Hexe nie mehr reisen können. Ihr könnt euch vorstellen, wie groß der Schreck am nächsten Morgen war, als Wirgel Schmirgel ihren Rundflug über die Stadt machen wollte. So sehr sie auch suchte, – der Besen blieb verschwunden.

„Oh je, oh je, was mach' ich nur!" jammerte Wirgel Schmirgel.

„Die Leute in der Stadt warten schon auf mich." „Ach", sagte die weiße Taube, „du kannst doch zaubern. Lass dir etwas einfallen." „Aber einen Hexenbesen kann man nicht zaubern, den bekommt man nur einmal im Leben geschenkt.

Was soll ich nur tun?". „Versuch es," ermunterte sie die weiße Taube. „Da liegen Äste und Reisig auf der Erde. Nimm sie und zaubere daraus einen Besen."

Die Hexe tat es. Aber – so sehr sie es auch versuchte, es wurde immer etwas anderes daraus. In Windeseile zeichneten die Stöckchen auf der Erde immer neue Bilder: eine Sonne, ein Haus, einen Baum, Striche, Zick-zack-Linien, Sterne ... Das sah zwar sehr hübsch aus, musste die Hexe zugeben. Aber ein Hexenbesen war das nicht. (4)

Zuerst wollte Wirgel Schmirgel aufgeben. Dann stellte sie sich die hämisch grinsenden Gesichter der beiden bösen Hexen vor. „Euch werd' ich's zeigen!", rief sie. Und damit verschwand sie im Schuppen.

Die weiße Taube wunderte sich nicht schlecht, als es darin rumorte, qualmte und schepperte. Sie wollte gerade nur mal ein ganz klein wenig durch das Schlüsselloch schauen, da flog mit einem Rums die Schuppentür auf und ein kleines, knallrotes Auto tuckerte mit lautem Motorenlärm heraus.

„Wer sagt denn, dass Hexen nur mit Besen verreisen können?", lachte Wirgel Schmirgel. „Mit dem Auto geht es auch. Ich bin schließlich eine moderne Hexe." Und dann hupte sie, trat aufs Gaspedal und ... blieb mit lautem Motorengeheul an der ersten großen Baumwurzel hängen. Nein, der Waldboden mit all seinen Felsen und Löchern war wirklich nicht für kleine rote Hexenautos geeignet.

„So kommst du nie zur Stadt", sagte die weiße Taube, die das Auto aufgeregt umflog. „Zum Autofahren brauchst du eine Straße. Und dann ist da noch der Fluss."

„Papperlapapp", entgegnete Wirgel Schmirgel, murmelte einen geheimnisvollen, wirklich hexischen Hexenspruch und zeigte dabei mit ihren langen Fingern auf die Äste und Stöckchen. Wie von unsichtbarer Hand getragen, legten sie sich aneinander und formten einen Fahrweg.

So konnte das Auto gemächlich durch den Wald rattern, an einer Wiese vorbei und sogar über den Fluss, denn Wirgel Schmirgel hatte eine Brücke gezaubert. (5)

Wenig später fuhr sie über die große Kreuzung in der kleinen Stadt. Wachtmeister Pfeifer, der Verkehrspolizist, schob seine Schirmmütze zurück und schaute ungläubig dem roten Auto hinterher. (6)

Ja, zuerst wunderten sich die Leute darüber, dass die Hexe nun nicht mehr mit dem Besen reiste. Aber bald hatte man sich daran gewöhnt. Die Männer mit der großen Kehrmaschine, Frauen mit Kinderwagen und Einkaufskörben, Kinder auf Inlinern und Rollern, – alle grüßten freundlich, wenn Wirgel Schmirgel die Straßen entlangfuhr. Ab und zu hielt Bauer Knolle, der jeden Dienstag sein Gemüse zum Markt fuhr, seinen Pferdewagen an und gab ihr ein paar Äpfel oder eine Rübe. Gratis, versteht sich! (7)

Am meisten aber freute sich der Tankstellenbesitzer Herr Bleizapf über Wirgel Schmirgels Auto. Ihr versteht: Wer viel fährt, muss viel Benzin tanken. Das Auto muss zur Wartung und ab und zu in die Waschanlage. – Und das Geschäft blüht. (8)

Wirgel Schmirgel aber war glücklich. Nur manchmal dachte sie an ihren guten alten Hexenbesen. Dann kurbelte sie das Fenster herunter und ließ sich den Fahrtwind um die Nase wehen. „Juchu", rief die gute Hexe, während die weiße Taube das rote Auto umkreiste. „Auto fahren ist noch schöner als fliegen!" Und damit hatte sie wohl recht …

Wirgel Schmirgel Hexenverse

(Refrain:)
Eins und zwei und drei
Hexenzauber allerlei
vier und fünf und sechs
so spricht die Wirgel Schmirgel Hex:

1. In einem Wald bei einer Stadt,
   da kannst du Wirgel Schmirgel seh'n.
   Das Böse hexen hat' sie satt,
   ließ allen stets was Gut's geschehn.

2. Mit ihrem Besen flog sie,
   schaut nach den Menschen in der Stadt,
   dies war der bösen Hex ein Graus,
   das Gute war sie leidlich satt.

3. In tiefer Nacht als alles schlief,
   pirscht' die an Wirgels Hütte ran,
   still war es, nur das Käuzchen rief,
   spurlos verschwand der Besen dann.

4. Oh, welch ein Schreck, der Besen weg!
   Wie soll ich jetzt nur fliegen?
   Du Hex' sei schlau, ich weiß genau,
   du wirst was andres kriegen.

5. Die kleine Hex' verschwand sodann,
   Es rumpelt, pumpelt, qualmt und blitzt
   in ihrem Hexenschuppen,
   dann kommt ein Auto rausgeflitzt.

   (evt. gesprochen:)
   Besen fliegen ist nicht schlecht,
   Auto hexen ist mir recht,
   fahren über Stock und Stein,
   will bald bei den Menschen sein.
   Hex, hex, hex ...

6. Noch rasch gehext 'nen festen Weg,
   durch dunkle Hexenwälder,
   und übern Fluss ein breiter Steg,
   dann fahr' ich durch die Felder.

7. Besuch die Menschen jeden Tag,
   will nach dem rechten schauen.
   Weil ich das Autofahren mag,
   könn' sie den Besen klauen.

Reise in den Hexenwald

Fantasiereise
Ort: Turn- oder Bewegungsraum
Dauer: 3–5 Minuten
Gruppengröße: 12–16 Kinder
Alter: ab 4 Jahre
Musik: Dorothee Kreusch-Jakobs: Lieder aus der Stille –
„Bin ganz Ohr"

Beschreibung:

Die Kinder verteilen sich im Raum, legen sich bequem auf die Erde und schließen nach Möglichkeit die Augen. Nun erzählt die AnleiterIn eine Geschichte, in der sie möglichst bildhaft den Weg in den Hexenwald zur Waldlichtung beschreibt, auf der die Hexenhütte steht und die Geschichte beginnt (z. B. Pfad durch eine Wiese mit hohem Gras, über Moos hinweg, Sonnenstrahlen zwischen den Bäumen, duftende Blumen, Vogelgezwitscher, Tannenwäldchen, kleiner Bach etc.)
Die Einführung in die Geschichte könnte folgendermaßen enden: Während du noch hinter einem Baum stehst und dir die Hütte genau ansiehst, öffnet sich die Hüttentür und eine seltsame Frau kommt heraus. Sie trägt einen bunten Rock und einen Umhang mit vielen bunten Federn. Auf ihrem Kopf sitzt ein spitzer, weißer Hut und auf ihrer Schulter sitzt eine weiße Taube. Jetzt siehst du das Gesicht, das von vielen Runzeln durchzogen ist. Es sieht alt, aber zugleich jung aus. Eine kleine Stupsnase ist von unzäh-

ligen Sommersprossen übersät, und zwei freundliche blaue Augen haben dich entdeckt.

Die Gestalt winkt dich zu sich. Du läufst durch das hohe Gras und setzt dich zu ihr auf eine kleine Holzbank im Schatten einer Eiche. Die kleine Frau stellt sich dir vor und erzählt dir eine Geschichte …

Nach der Fantasiereise räkeln und strecken sich die Kinder, atmen drei Mal tief ein und aus, öffnen die Augen und versammeln sich zum „Hexenfest". (s. 2)

Kommentar:

Die Einführung in die Szenerie der Geschichte kann durch leise Musik mit Wald- und Naturgeräuschen atmosphärisch verdichtet werden. Allerdings ist solch ein stiller, meditativer Beginn der Bewegungsstunde nur dann sinnvoll, wenn die Gruppe die Bereitschaft und Konzentration dazu signalisiert, oder zuvor Bewegungs- und Aktionsbedürfnisse durch entsprechende Angebote oder Freispiel ausagiert werden konnten.

Hexenfest

Bewegungsspiel
Ort: Turn- oder Bewegungsraum
Dauer: ca. 5–7 Minuten
Gruppengröße: bis 16 Kinder
Alter: ab 4 Jahre
Material: Rhythmik- oder Chiffontücher, alternativ Kopftücher so viele wie Teilnehmer; Handtrommel und Schlägel

Beschreibung:

Alle Hexen der Umgebung treffen sich einmal im Jahr zum großen „Hexenfest", bei dem gefeiert und gehext wird ...

Die Kinder verkleiden sich als Hexen, indem sie sich ein Tuch umbinden, und versammeln sich um die ‚Oberhexe' (= Anleiterin). Diese streicht mit dem Schlägel über das Fell einer Handtrommel und erzeugt so unheimliche, „hexische" Klänge, zu denen sie einen Zauberspruch spricht, den alle Hexen in Bewegung umsetzen. Zwei laute Schläge auf der Trommel markieren Beginn und Ende der Bewegungsphase. Dann sind alle kleinen Hexen in ihrer Bewegung zu Stein erstarrt und warten auf den nächsten Zauberspruch.

Hexenzauber:

Wirgel Schmirgel Spinnenbein
ihr sollt alle Hexen sein.
Nur für jetzt und nicht für immer
sind alle ... hexen hier im Zimmer.

(z. B. Trampelhexen, Schleichhexen, Rollhexen, Rückwärtslaufhexen, Rennhexen, Hüpfhexen, Schmusehexen, Schreihexen, Tanzhexen, ... etc.)

Variante:

Sind den Kindern die Spielregeln vertraut, dürfen auch die kleinen Hexen das Zaubern übernehmen. Nach jedem Hexenspruch wird die Trommel an die nächste Oberhexe weitergereicht.

Kommentar:

Dieses Spiel bietet die Möglichkeit, zwischen Ganzkörperspannung und freier Bewegung zu variieren, wobei die Phasen der Ganzkörperspannung kurz sein sollten. Einfachste Verkleidung unterstützt im Rollenspielcharakter die Identifikation mit der Hauptfigur der Geschichte und Spielfreude.

Auch stimmliches Ausdrucksvermögen und sprachliche Merkfähigkeit werden durch das Wiederholen des Zauberspruches angeregt. Es zeigte sich, dass der Vers je nach Vorliebe rhythmisch gestaltbar ist (z. B. durch Schrittfolgen, Sprechrhythmus etc.)

Klauhexe

Geschicklichkeits-, Konstruktionsspiel, Hörfähigkeit
Ort: Turn- oder Bewegungsraum
Dauer: ca. 5–10 Minuten
Gruppengröße: ab 8–10 Kinder
Alter: ab 4 Jahre
Material: ein Metermaß pro Kind
Musik: Eduard Krieg: Peer Gynt Suit, „In der Halle des Bergkönigs"; Modest Mussorgsky: Bilder einer Ausstellung, „Die Hütte der Baba-Yaga"

Beschreibung:

Jedes Kind erhält einen Zollstock und formt daraus einen Besen, der nicht länger als drei Glieder (ca. 50–60 cm) sein sollte.

Im ersten Teil des Spiels „reiten" alle Hexen in wildem Ritt auf ihren Besen durch den Raum. Sind alle Hexen erschöpft, legen sie den Besen neben sich, sinken auf die Erde und fallen in einen tiefen „Schlaf". Niemand darf heimlich blinzeln und schauen, was geschieht.

Die Anleiterin schleicht leise zu einer kleinen Hexe und tippt diese an. Die „Klauhexe" erwacht, schleicht ganz leise durch den Raum und „klaut" einer schlafenden Hexe ihren Besen. Doch Vorsicht! Hört diese rechtzeitig die Diebin, legt sie schnell die Hand auf ihren Besen. Jetzt muss die „Klauhexe" weiterschleichen, bis sie einen Besen stehlen kann. Ist ihr das gelungen, legt sie sich quer über ihr Diebesgut nieder und darf nicht mehr bestohlen werden.

Das Kind, dessen Besen geklaut wurde, ist die nächste „Klauhexe". Das Spiel endet, wenn alle Kinder in der Rolle der „Klauhexe" waren.

Zauberbilder

Freies Experimentieren mit Metermaßen, Konstruktion, Bewegungsspiel
Ort: Turn- oder Bewegungsraum
Dauer: ca. 10 Minuten
Gruppengröße: 12–16 Kinder
Alter: ab 4–5 Jahre
Material: ein Metermaß pro Kind

Beschreibung:

Jedes Kind gestaltet aus seinem Metermaß Formen und legt sie auf dem Boden aus. In der Gesamtgruppe werden alle nacheinander angeschaut und besprochen.

Im zweiten Teil des Spiels laufen alle Kinder zu einer flotten Musik, bleiben alle Teilnehmer bei einer Form stehen, die nicht die eigene sein muss. Jetzt werden Bewegungsaufgaben von der Anleiterin gestellt:

z.B: • über die Formen springen
  • auf den Linien entlang balancieren
  • sich mit dem Po darauf setzen
  • auf allen Vieren darüber krabbeln
  • einen Teil verändern, so dass neue Formen entstehen (wiederholen der Bewegungsaufgaben)
  • mit einer anderen Form zusammen legen
  • aus allen Formen Bilder legen und dem Bild einen Titel geben
  • Formen hochkant stellen und durch sich ergebende Tore oder Löcher krabbeln

Wenn die Musik erneut erklingt, laufen alle Kinder wieder um die Zauberbilder bis zum nächsten Stopp.

Variante:

Haben sich die Kinder mit dieser Art von Bewegungs- und Gestaltungsarbeit vertraut gemacht, können Bewegungsvorschläge auch von den Teilnehmern ausgerufen werden.

Kommentar:

Der Umgang mit den Zollstöcken in der zweidimensionalen Gestaltung setzt bereits ein hohes Maß an visuellem Vorstellungsvermögen voraus, mit dem jüngere Kinder schnell überfordert sein können. Im diesem Falle sind praktische Beispiele der Anleiterin als Modelle hilfreich. Sie können von den Kindern nachgeformt und variiert werden.

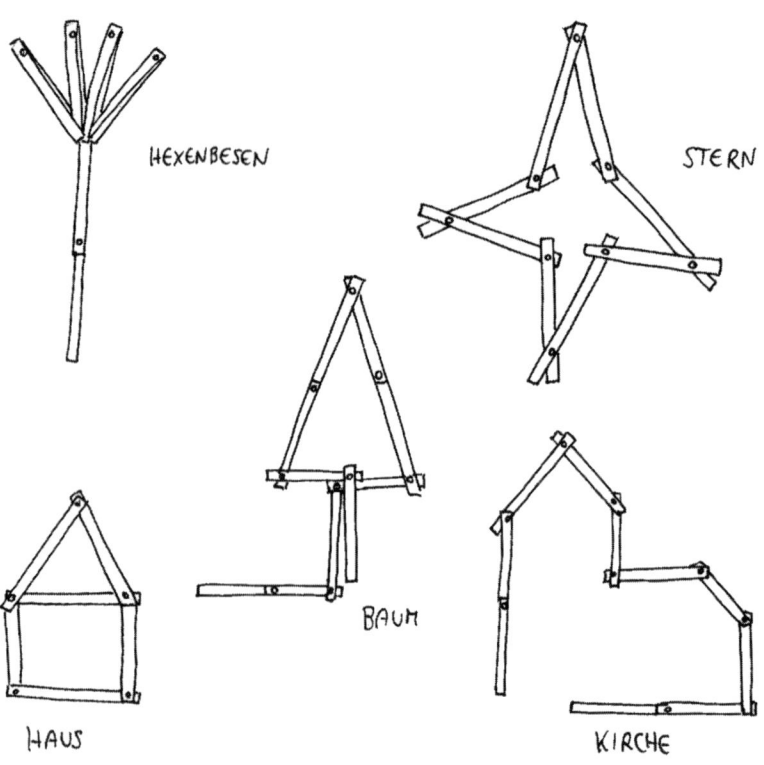

HEXENBESEN

STERN

BAUM

HAUS

KIRCHE

Eine Stadt aus Zollstöcken

Konstruktions- und Bewegungsspiel; Koordination, Balance
Ort: Turn- oder Bewegungsraum
Dauer: ca. 20 Minuten
Gruppengröße: 12–16 Kinder
Alter: ab 4–5 Jahre
Material: Mindestens 40–50 Zollstöcke; Tesa-Krepp; drei gleichgroße Getränkekisten (gefüllt haben sie mehr Stabilität); 3 Gymnastikseile; ein glatt gehobeltes Holzbrett (Länge 1,50 m x Breite 30 cm x Dicke 4–5 cm); evt. ein Tisch

Beschreibung:

Die Kinder legen aus Metermaßen den Grundriss eines Straßennetzes, bei dem die Fahrbahn durch jeweils ein Metermaß auf beiden Seiten begrenzt wird, die so weit voneinander entfernt sind, dass zwei Kinder aneinander vorbeilaufen können. Da das Material gerne verrutscht, kann es durch Klebestreifen auf dem Boden fixiert werden. Stehen noch genügend Einzelteile zur Verfügung, können ganze Häuserfassaden, Bäume, Parkplätze etc. in den Stadtplan integriert werden.
Aus drei Getränkekisten und dem Holzbrett, das darüber bündig gelegt und zur Sicherheit mit den Seilen an den Kisten fixiert wird, lässt sich das Straßennetz um eine „Hochstraße" als Balancierstrecke (Fallschutz nicht vergessen!) ergänzen. Ein Tisch kann als Tunnel umfunktioniert werden.

Nach getaner Arbeit, bei der die Anleiterin die vielen Ideen koordinieren sollte, werden alle Baumeister zu Autofahrern, die – natürlich der Straßenverkehrsordnung entsprechend –, durch die Stadt fahren. Hin und wieder können Parkplätze angesteuert werden.

Variante:

Die Anleiterin fragt jedes Kind nach Fahrzeugtyp und Farbe „seines Autos" und lässt einmal richtig den Motor „aufheulen".

Dann geht es los:
- im ersten Gang
- im zweiten Gang
- im dritten Gang
- im Rückwärtsgang,

ohne einen Unfall zu verursachen oder irgendwo auf einen Randstein zu fahren.

Kommentar:

Da der Aufbau einer Metermaßstadt unter Umständen recht lange dauern kann, sollte genügend Zeit eingeplant werden, damit die Kinder die Stadt auch noch „bespielen" können. Das Thema Auto/Verkehr bietet auch für jüngere Kinder genügend Anreiz und Identifikationsmöglichkeit für eine lange Phase gemeinsamen Tuns.

Zusätzliche Erschwernis liegt im „Gegenverkehr", d.h. wenn sich die Kinder unter Einhaltung der Spielregeln dicht aneinander vorbei bewegen. Auf spielerische Weise werden dabei in hohem Maße Körperkoordination und Balance gefordert. Je nach dem individuellen Vermögen können sich die Kinder freiwillig verschiedene Schwierigkeitsgrade (z.B. Balancieren über die Hochstraße) der Bewegungsanforderungen wählen.

Verkehrsrowdy

Reaktions-, Farbenspiel
Ort: Turn- oder Bewegungsraum
Dauer: 5–10 Minuten
Gruppengröße: 12–16 Kinder
Alter: ab 4 Jahre
Material: je ein Chiffontuch oder Kreppband in grün und rot; Wäscheklammern, eine Trillerpfeife

Beschreibung:

Die Anleiterin steht als Herr Verkehrspolizist Pfeifer auf einer großen Kreuzung in der Zollstockstadt. In den Händen hält sie die beiden Farbsignale einer Ampel. Hält sie das grüne Tuch in die Höhe, dürfen alle „Autofahrer" fahren. Aber vorsichtig! Wechselt die Ampel auf rot, müssen alle stehen bleiben, wo sie sind. Erwischt Herr Pfeifer einen „Verkehrsrowdy", der noch fährt, pfeift er mit seiner Trillerpfeife und verteilt einen Strafzettel, indem dem betreffenden Autofahrer eine Wäscheklammer an seine Kleidung gesteckt wird. Wer hat am Ende die meisten Strafzettel?

Varianten:

- Jeweils eines der Teilnehmerkinder übernimmt die Rolle des Polizisten.
- Erweiterte Spielregel: Wer drei Strafzettel hat, hat „Führerscheinentzug" und muss drei Runden aussetzen.

Kommentar:

Dieses Spiel lässt sich im Vorschulbereich gut im Kontext zum Thema Verkehrserziehung einsetzen. Die Bedeutung der Ampelsignalfarben kann auf spielerische Weise erfahren werden, ebenso wie das Erleben von Konsequenzen für unachtsames Verhalten.

Alles, was fährt

Spielparcours zum Thema „Straßenverkehr"
offene Bewegungsaufgabe, Geschicklichkeit, Koordination, Gleichgewicht
Ort: Turn- oder Bewegungsraum
Dauer: 20–30 Minuten
Gruppengröße: 12 Kinder
Alter: ab 4–5 Jahre
Material: Rollbretter, Gymnastikstäbe; Seile, Staubtücher, ein Holzbrett (Länge ca. 1 m x Breite ca. 50 cm x Dicke ca. 5 cm), gehobelt; ein Heulrohr

Beschreibung:

Die Zollstockstadt kann durch zusätzliche Bewegungsangebote erweitert werden, deren Schwierigkeitsgrade individuell ausgewählt werden können:

(7a) **Tankstelle:** An einen Stuhl oder an ein Tischbein wird ein Heulschlauch mit einem Gymnastikseil befestigt. Dies symbolisiert die Tankstelle, die die Verkehrsteilnehmer ansteuern können.

(7b) **Autowerkstatt:** 8–10 Gymnastikstäbe (alternativ Besenstile) werden dicht nebeneinander auf dem Fußboden oder einer dünnen Gymnastikmatte (weniger rutschig!) ausgelegt. Ein Holzbrett wird quer darüber gelegt.
Jeweils nur ein Auto (= Kind) darf in die „Werkstatt" fahren, indem es die Mitte des Brettes betritt. Aber vorsichtig, denn in der Werkstatt geht es wie auf einem Fließband sehr wackelig zu.

Kommentar: Unbedingt diese Bewegungsstation an einer Stelle aufbauen, an der sich die Kinder gut festhalten können! Ideal ist der Platz vor einer Sprossenwand oder an einem stabilen Tisch. Da das Brett durch die Stäbe ständig labil und rollend ist, muss an ausreichend Fallschutz gedacht werden. Die ständige Präsens der Anleiterin oder einer erwachsenen Hilfe als Stütze ist unbedingt erforderlich.
Es ist sinnvoll, das „Wackelbrett" vor seinem Einsatz in der Bewegungsstunde selbst einmal auszuprobieren. Gut festhalten!

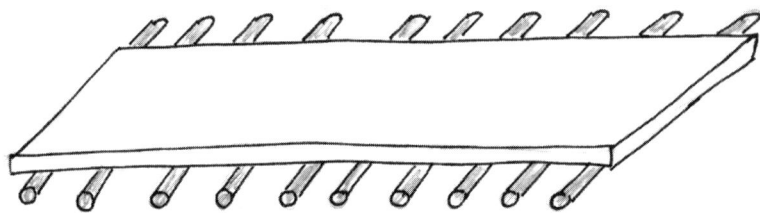

(7c) **Kinderwagen:** Ein Kind sitzt kniend auf einem Rollbrett mit Blickrichtung nach vorn und hält in beiden geschlossenen Handflächen das Ende eines Gymnastikstabes oder Besenstils, den es an beiden Seiten mit den Innenseiten von Arm bzw. Ellbogen fest am Körper stabilisiert.
Ein zweites Kind steht dahinter und nimmt die beiden freien Enden der Stäbe. So kann es Rollbrett und Kind vor sich herschieben. Aber Vorsicht in den Kurven, damit das Baby nicht aus dem Kinderwagen fällt.

Kommentar: Dieses Angebot schult vor allem beim sitzenden Kind aufrechte Haltung und feinabgestimmte Muskelaktivitäten im Rücken. Bei zu wenig Körperspannung kann das Rollbrett nur schlecht in Gang gesetzt werden, oder das Kind fällt schnell vom Brett. Da der Spielanreiz sehr hoch ist, wird die Kräftigung der Rückenmuskeln quasi beiläufig trainiert.

(7d) **Pferdekutsche:** Ein Kind sitzt kniendend oder im Schneidersitz auf dem Rollbrett und hält die Mitte eines Gymnastikseiles über dem Rücken und unter den Armen geführt mit je einer Hand fest.
Ein zweites Kind steht als „Pferd" davor und nimmt die beiden Enden des Seiles. Jetzt kann sich die Kutsche vorsichtig in Bewegung setzen.
(Alternativ „Pferdekutsche" mit Leintuch aus der Geschichte „Jockel und der Schwamm")

Kommentar: Wirkweise s. „Kinderwagen"

(7e) **Inliner:** Nur möglich bei glattem Boden!
Ein Kind stellt sich mit jedem Fuß auf ein ausgebreitetes

Staubtuch. Jetzt kann es über den Boden rutschen, indem es vorwärts schlittert, ohne die Füße von Tuch und Boden abzuheben.

(7f) **Roller**: Nur möglich bei glattem Boden!

Hier erhält ein Kind nur ein Staubtuch, auf das es sich mit einem Fuß stellt. Mit dem anderen Fuß holt es durch Rücktritt wie beim Rollerfahren Schwung fürs Schlittern über den Boden. Bei beiden Bewegungsangeboten werden in hohem Maße Balance und Geschicklichkeit verlangt. Manchmal laden sich Staubtücher statisch auf, wodurch ihre Rutschfähigkeit nachlässt. Einmal waschen hilft meist. Alternativ können auch Gästehandtücher verwendet werden.

(7g) **Kehrmaschine**: Ein Kind erhält einen Gymnastikstab oder Besenstil und ein Staubtuch. Jetzt muss es mit dem Stab das Tuch durch die Zollstockstraßen schieben, ohne die Randbegrenzung zu berühren.

Kommentar: Hier werden Koordinationsleistung und Geschicklichkeit, vor allem durch die Schulter-Armmuskulatur angesprochen.

Varianten:

Gilt für alle „Fahrzeuge" aus dem Verkehrsparcours.

- Ältere Kinder finden i. d. Regel Gefallen an Staffeln, nachdem die Teilnehmer genügend Zeit zum Kennenlernen und Erproben der einzelnen „Fahrzeuge" hatten. Sind genügend Materialien vorhanden, können alle Kinder gleichzeitig aktiv werden. Da dies z. B. in Bezug auf Rollbretter eher unwahrscheinlich ist, können jedoch auch zwei Mannschaften mit je drei bis vier Paaren gegeneinander antreten.

- Das Thema „Verkehrsparcours" kann ebenso die Grundlage für das Ablegen einer „Führerscheinprüfung" z. B. in einer oder mehreren Fahrzeugdisziplinen sein, bei denen die Kinder verschieden schwierig gestaffelte Anforderungen erfüllen müssen. Denkbar wäre auch, dieses Konzept mit einigen wichtigen Grundregeln des Straßenverkehrs zu verbinden, und in die Verkehrserziehung von Vorschul- und Schulbereich einzubinden.

Waschstraße

Gruppenmassage
Ort: Turn- oder Bewegungsraum
Dauer: 12–15 Minuten
Gruppengröße: 12–16 Kinder
Alter: ab 4 Jahre
Material: ein Rollbrett oder eine Decke; je ein Schwamm oder Tuch pro Kind

Beschreibung:

Jedes Auto muss einmal gewaschen werden.
Ein Kind darf sich in Bauchlage über das Rollbrett, alternativ auf die Decke legen. Die Waschstraße wird durch die anderen Kin-

der dargestellt, die sich paarweise auf dem Boden gegenüber sitzen, sodass eine schmale Gasse entsteht. Jedes Kind hat einen Schwamm oder ein Tuch in seinen Händen.

Jetzt darf das liegende Kind Wünsche über den jeweiligen Waschgang äußern (z.B. zart, fest, schrubben, polieren etc.) Langsam fährt es in die Waschstraße ein, indem es auf dem Rollbrett oder auf der Decke von den MitspielerInnen weitergeschoben wird. Die „Bürsten" links und rechts werden jetzt aktiv, bürsten, kneten, schrubben, und zuletzt wird das „Auto" mit „Heißluft" (pusten) getrocknet.

Nacheinander darf jedes Kind einmal durch die Waschanlage fahren, bis alle wieder blitzblank und sauber sind.

Kommentar:

Jedes Kind bekommt während dieses Angebotes eine Ganzkörpermassage, bei der es mitbestimmen kann, in welcher Art die sensitiven Reize gestaltet werden sollen. Da jedes der massierenden Kinder ein „Zwischenmaterial" in seinen Händen hält, können Berührungsängste und Hemmungen weitgehend ausgeschaltet werden. Dieses Spiel wird i.d.R. auch von kleineren Kindern genussvoll erlebt und immer wieder verlangt.

KNARZ UND KNORZ

Bewegungsgeschichten zum Thema
„Über und unter der Erde"

A Vorlesen und Erzählen

Wenn du an einem warmen Sommertag über eine Waldlichtung
läufst, dort, wo das Moos dunkel-grün ist und die Vögel ihr Lied
mit dem Wind singen, dann, ja dann musst du stehen bleiben
und ganz still sein. Vielleicht, wenn du Glück hast, kannst du es
hören. Ein leises Knacken, Knarren und Rauschen.
Es sind die Bäume, die sich etwas zuflüstern. Und wenn du gut
zuhörst, kannst du verstehen, was sie erzählen: Die Geschichte
von Knarz und Knorz.
Einmal stand eine große und mächtige Eiche auf der Höhe eines Berges. Von dort oben konnte sie weit in die Welt sehen. Sie
sah, wie Menschen Dörfer und Städte erbauten, wie sie sich strit-
ten und versöhnten, wie sie Kinder gebaren, die groß wurden
und selbst Kinder bekamen. Viele Jahrhunderte gingen so ins
Land.
„Ihr, meine Kinder", sagte die Eiche eines Herbstes zu ihren
Früchten, den Eicheln, „ihr werdet jetzt auch bald in die Welt
ziehen. Ihr werdet lange in der Erde schlafen, und wenn ihr wieder erwacht, werdet ihr eure Füße in der Erde verwurzelt finden
und junge, starke Bäumchen sein." „Das wollen wir, das wollen
wir!", riefen die Eicheln, die zu tausenden in den Ästen und Zwei-
gen hingen. Ja, die alte Frau Eiche hatte auch in diesem Jahr
wieder viele Kinder hervorgebracht.
Nur ganz oben, dort wo der Wind am gewaltigsten die Blätter

Knorz + Knorz

durchschütteln konnte, dort hingen dicht aneinander gedrängt zwei kleine Eicheln und sagten gar nichts, sondern hielten sich eng umschlungen.

„Was ist mit euch beiden?", fragte Mutter Eiche. „Wollt ihr denn nicht in die große weite Welt ziehen und euren eigenen Stamm bilden?" „Kann man da zu zweit hin?", fragte die eine der beiden schüchtern. „Ich weiß nicht, mein kleiner Knarz", sagte die alte Eiche und strich mit ihren Blättern sanft über das Eichelhütchen. „Der Wind wird dich mitnehmen. Wohin, das weiß niemand."

„Aber ohne meinen Bruder Knorz will ich nicht gehen", rief Knarz und hielt seinen Bruder noch fester umschlungen. „Wir sind zusammen zur Welt gekommen, wir wollen auch zusammen bleiben und groß werden", sagte Knorz und drückte sich noch fester an seinen Bruder.

Aber kaum hatte er das gesagt, da sauste der Wind daher und zerrte so lange an den beiden, bis sie sich nicht mehr halten konnten und in hohem Bogen durch die Luft davon getragen wurden.

„Leb wohl, lieber Bruder", rief Knarz verzweifelt. „Leb wohl, lieber Bruder", rief Knorz. „Wir werden uns bestimmt wieder sehen", ... (1)

Knarz fiel mit einem dumpfen Schlag an der Südseite des Berges auf ein dickes Mooskissen und blieb liegen, Knorz aber polterte und rollte an der Nordseite des Berges einen Abhang hinunter, genau in ein dunkles, enges Loch und in einen schmalen Gang hinein.

Dort lag er im Dunkeln und konnte sich nicht rühren, denn Eicheln haben ja keine Beine, wie ihr wisst.

„Sieh an, sieh an, eine Eichel", rief ein dünnes Stimmchen. Es war Rudi Regenwurm, der sich gerade durch eine dicke Portion duftender, dunkler Walderde gefuttert hatte. „Bitte, kannst du

mich zu meinem Bruder bringen?", fragte Knorz. „Hm, lecker",
schmatzte der Regenwurm und genehmigte sich noch einen großen Bissen, während er hinter sich ein dickes Häufchen Erde
hinterließ. „Mmpf, dein Bruder?", kaute Rudi. „Ich weiß nicht,
wo dein Bruder ist. Mmpf. Aber, lass mich mal überlegen … Hab
etwas gesehen, so ungefähr hundert Bissen weg … Könnte eine
Eichel gewesen sein, hm lecker …", und damit war Rudi in einem seiner Fresstunnels verschwunden. (2)
Knorz blieb allein zurück. Gerade wollte er ein wenig einnicken
… „Sieh an, sieh an, eine Eichel", rief eine knarrige Stimme, während etwas kaltes, weiches an seinem Hütchen schnupperte. Es
war Marius Maulwurf, der sich des Weges daher grub. „Was hat
dich hierher geführt, junger Freund?", fragte der Alte und zwin-
kerte mit seinen kleinen, schwarzen Knopfäuglein, die so
schlecht sehen konnten. „Bitte, kannst du mich zu meinem Bruder bringen?" „Dein Bruder? Ich weiß nicht, wo dein Bruder ist",
sagte der Maulwurf. „Aber lass mich überlegen. Zunächst aber
brauche ich ein paar saftige Schnecken oder Regenwürmer zum
Abendessen, dann sehen wir weiter …" Und schon war der alte,
kauzige Geselle hinter der nächsten Biegung des Ganges verschwunden. (3)
Knorz blieb allein im Dunkeln zurück. Gerade wollte er ein wenig einnicken, da keuchte ein Waldmäuserich des Weges daher.
„Huch, das war knapp," sagte er, „gerade noch einmal der alten Eule entkommen … Sieh an, sieh an, eine Eichel. So ein
Glück. Gestatten, Willi Waldmaus." „Kannst du mich zu meinem
Bruder bringen?", fragte Knorz. „Zu deinem Bruder? Hm, das
weiß ich nicht. Aber ich kann dich in meine Vorratskammer bringen. Ich habe eine große Familie und viele hungrige Mäuler zu
stopfen. Da kommt mir so ein Bursche wie du gerade recht." Und
schon schnappte die Maus unsere kleine Eichel und trug sie
durch viele dunkle Gänge davon.

Es war feucht und roch modrig und an den Wänden hingen Wurzelenden von Bäumen und Gestrüpp herunter. Schließlich erreichten sie eine kleine Höhle, und dort, zwischen Nüssen, Samenkörnern, trockenen Gräsern und getrockneten Waldfrüchten purzelte unser kleiner Knorz hinein und blieb liegen. „Jetzt hat mein letztes Stündlein geschlagen", dachte er traurig und war davon überzeugt, dass er seinen Bruder niemals wieder sehen würde. Eine dicke Träne kullerte über das glatte, braune Gesicht ... (4)

Als Knarz erwachte, war es bereits Morgen und er lag noch immer auf dem Mooskissen. Glücklicherweise war seine Schale bei dem Sturz heil geblieben und auch das Hütchen hatte er nicht verloren.

„Sieh an, sieh an, eine Eichel", rief Amalie Ameise, die gerade mit einer Gruppe anderer Arbeiterinnen des Weges dahermarschierte. „Das wird unsere Königin freuen!". „Guten Tag, ich bin Knarz und soll ein großer Baum werden. Das will ich aber nicht ohne meinen Bruder. Könnt ihr mich zu ihm bringen?" „Wir bringen dich zu unserer Königin. Los Mädels, hebt an ... drei ... vier", und schon marschierten die Ameisen keuchend und stöhnend mit der Eichel auf den Schultern zu ihrem Schloss, dem Ameisenhügel, der dort zwischen den Tannen errichtet worden war. Sie hatten ihre Mühe, den kleinen Kerl durch die schmalen Gänge bis zur Königin zu bringen.

Der Thronsaal war tief in die Erde eingegraben worden, um die Königin vor Feinden zu schützen. „Hm, schön rund ist er. Wir wünschen, dass er in die Kinderstube gebracht wird!", befahl die Königin. Und so wurde Knarz wieder durch enge Gänge gewuchtet und landete in einer Kammer, wo viele kleine Ameisenmaden von ihren Ammen beaufsichtigt und gefüttert wurden. Mit Gekicher machten sich die Kleinen über Knarz her und rollten ihn von einer Ecke zur anderen bis ihm ganz schwindelig wurde. (5)

„Alarm, Alarm!", gellte ein Schrei durch den Bau. Schon wimmelte es von Ameisen, die durcheinander liefen, die Kleinen einsammelten und wegbrachten. Niemand kümmerte sich um Knarz. Ein gewaltiges Beben erfüllte die Kammer, und von allen Seiten bröckelte die Erde. Plötzlich stürzte die Decke ein und hätte fast unsere Eichel unter ihrer Last begraben. Eine riesige, schwarze Nase wühlte sich durch die Gänge, und Furcht erregende Krallen schaufelten alles beiseite.

„Sieh an, sieh an, eine Eichel", schnaufte Dagobert Dachs und grub weiter auf der Suche nach leckeren Ameisen. Knarz wurde mit der Erde in hohem Bogen davon geschleudert. Er kullerte über den Waldboden und blieb liegen. (6)

Kaum hatte er sich von dem Schreck erholt, da sagte jemand: „Sieh an, sieh an, eine Eichel." Else Eichhorn kletterte geschickt am Stamm einer Buche herunter. „Kannst du mich zu meinem Bruder bringen?", fragte Knarz müde. „Er fürchtet sich bestimmt alleine." „Oh, ich bringe dich woanders hin", sagte Else, „Der Winter ist lang und ich brauche viele Vorratsstellen, damit meine Kinder und ich nicht verhungern." Und schon packte sie die kleine Eichel und trug sie zu einer Stelle am Nordhang des Berges, dort wo der Waldboden besonders weich ist. Dort scharrte sie mit den Vorderpfoten ein tiefes Loch und rollte Knarz hinein. Kaum konnte er sich besinnen, war er von einer dicken Schicht Erde bedeckt. Eigentlich war dieses Bett schön weich und warm. Und er war so müde. Er dachte an seinen Bruder … und war eingeschlafen. (7)

Knorz lag noch immer in der Vorratskammer der Waldmaus. Gerade wollte er einnicken, da streckte jemand den Kopf herein. „Sieh an, sieh an, eine Eichel.", piepste Finchen Mäusekind, die jüngste Tochter von Willi Waldmaus. Sie sollte ein paar getrocknete Gräser für das Abendessen holen.

„Kannst du mich zu meinem Bruder bringen?", fragte Knorz.

Da Finchen ein gutes Herz hatte, nahm sie die Eichel vorsichtig zwischen ihre Nagezähne und brachte sie nach draußen. „Mehr kann ich nicht für dich tun. Der Mond steht schon am Himmel, und für uns Mäuse ist es nachts zu gefährlich draußen. Viel Glück.", flüsterte sie und huschte davon. Gerade noch rechtzeitig, als der Schatten einer mächtigen Eule im silbernen Mondlicht lautlos über die Erde glitt.

Am anderen Morgen wurde Knorz von Else Eichhorn entdeckt. Sie packte ihn, und ehe er sich's versah wurde auch er als Wintervorrat im feuchten Waldboden verscharrt. Da er sehr müde war, kam ihm das dunkle, weiche Bett gerade recht.

Zunächst hatte er den Eindruck, als wäre da noch jemand. Aber noch bevor er genauer nachschauen konnte, fiel er in einen langen, tiefen Schlaf. Er träumte einen seltsamen Traum. Sein Körper wollte sich recken und strecken. Das Kleid aus der glatten, braunen Schale wurde viel zu eng und bekam Risse. Und aus den Rissen wuchsen ihm Füße. – Ja wirklich. Lange, weiße Wurzelfüße, deren Zehen sich weit in die Erde graben wollten. Sein Hütchen wurde von einem zarten Spross abgehoben. Er schob sich langsam und beharrlich durch die Erde nach oben, um die ersten Sonnenstrahlen des Frühlings zu treffen. (8)

Doch was war das? Da waren ja noch andere Wurzelfüße. Und ein anderer Spross tastete sich vorsichtig zu ihm heran …

„Mein lieber, lieber Bruder", klang eine vertraute Stimme an seinem Ohr. „Knorz, bist du es wirklich?" Hätte Knorz keine Angst gehabt, dass der Traum zu Ende sei, er hätte womöglich die Augen geöffnet, um nachzuschauen. So aber hielt er seine Lider fest geschlossen und streckte im Dunkel des weichen Erdbettes seinen Spross aus, um seinen Traum zu umarmen und weiterzuträumen …

Als sie erwachten, war es Frühling. Die Vögel sangen ihr schönstes Lied, und die ersten Blumen wärmten sich in den Strahlen der Sonne. Noch immer hielten sich die beiden Brüder fest umschlungen. Doch ihr braunes Kinderkleid war verschwunden. An Stelle dessen hatten sie kleine, schlanke Stämmchen bekommen, an denen die ersten zarten Blätter ihr grünes Kleid entfalteten. „Sieh an, sieh an, ein Zwillingsbaum" sagte Else Eichhorn, als sie von der nahen Tanne heruntersah.

Und wäre sie nicht so vergesslich gewesen, wer weiß, vielleicht wären Knarz und Knorz doch noch in ihrer Wintersuppe gelandet.

B Spielen und Bewegen

Zum Herbstwind tanzen

Bewegungs-/Tanzimprovisation
Ort: Turn- oder Bewegungsraum
Gruppengröße: bis 12 Kinder
Dauer: ca. 5 Minuten
Alter: ab 4–5 Jahre
Musik: harmonische, leicht bewegte Musik; z. B. Antonio Vivaldi: Die Vierjahreszeiten; W. A. Mozart: Eine kleine Nachtmusik; G. U. Faure: Pavane

Beschreibung:

Nachdem die Kinder den ersten Teil der Geschichte von Knarz und Knorz gehört haben, bewegen sie sich zunächst alleine frei zur Musik durch den Raum. Sie stellen sich dabei vor, eine Eichel zu sein, die vom Baum fällt. Die Kinder

- rollen
- laufen
- kullern
- drehen sich
- hüpfen

Wenn sie mit den sich ergebenden Bewegungsmustern vertraut sind, stellen sie sich zu Paaren zusammen, fassen sich an der Hand und wiederholen das Spiel, ohne den Handkontakt aufzugeben.

Variante:

- Für ältere Kinder wird es schwieriger, wenn der Handkontakt über jeweils zwei Hände bestehen bleibt.

Kommentar:

Dieses Spiel führt an erste freie und gebundene Bewegungs- und Tanzimprovisationen heran. Ungeübten Kindern könnten die Bewegungsideen ausgehen. Deshalb ist es hilfreich, wenn sich die Spielleiterin einige Vorschläge zurecht legt, auf die sie gegebenenfalls zurückgreifen kann.

In ersten Formen des Körperkontaktes in der Bewegung lernen die Kinder, sich sensibel auf den/die PartnerIn einzustellen und eigene Ideen im Miteinander anzupassen.

Regenwurm-Tunnel

2

Bewegungs-, Sensitivitätsspiel
Ort: Turn- oder Bewegungsraum
Gruppengröße: bis 16 Kinder
Dauer: ca. 10 Minuten
Alter: ab drei Jahre

Beschreibung:

Alle Kinder stellen sich in einer Reihe hintereinander auf und umfassen die Hüfte oder Schulter des Vordermannes/der Vorderfrau. Sie sind die Glieder des Regenwurmes und können deshalb nichts sehen. Ihre Augen sind geschlossen. Das erste Kind ist der Kopf. Da es die Augen besitzt, ist es für den ganzen Leib verantwortlich. Mit offenen Augen setzt es sich langsam in Bewegung und führt den „Gruppenwurm" durch den Raum. Alle sollen folgen, ohne die Hände zu lösen, denn sonst würde ja der Wurm auseinander brechen.

Auf ein vereinbartes Zeichen bleibt der Wurm stehen. Alle Kinder öffnen die Augen und stellen die Beine weit auseinander, während der Handkontakt bleibt. Jetzt ist der Regenwurmtunnel geöffnet, und das letzte Kind kriecht als kleines Würmchen nach vorne, wo es zum neuen Kopf wird und alle führt. Das Spiel wiederholen, bis jedes Kind einmal der Kopf war.

Kommentar:

Während im ersten Teil Verantwortungsbewusstsein, sensitives Miteinander und Vertrauen in besonderem Maße gefragt

81

sind, beinhalten die Kriech- und Krabbelbewegungen des zweiten Teiles rücken- und armkräftigende Muskelaktivitäten in kindgerechtem Kontext.

Blinder Maulwurf

Bewegungs-, Laufspiel
Ort: Turn- oder Bewegungsraum
Gruppengröße: bis 16 Kinder
Dauer: 3–5 Minuten
Alter: ab 4 Jahre
Material: pro Kind ein Seil

Beschreibung:

Ein Kind wird als Maulwurf bestimmt, der ja bekanntlich gerne Würmer frisst. Die anderen Kinder erhalten je ein Gymnastikseil, das sie als Würmer über die Erde hinter sich herschlängeln. Jetzt begibt sich unser Maulwurf auf die Jagd. Er darf allerdings nur mit den Füssen Würmer fangen, indem er versucht, auf ein Seil zu treten.

Das Kind, dessen „Wurm" zuerst gefangen wird, ist der nächste Maulwurf.

Variante:

- Wer gefangen wurde, wird selbst zum Maulwurf. Schaffen es die Maulwürfe, alle Würmer innerhalb einer bestimmten Zeit (z.B. für die Dauer eines Musikstückes) zu fangen?
- Für ältere Kinder kann das Spiel auch „blind" gespielt werden, indem dem Maulwurf die Augen mit einem Tuch verbunden werden.

Vorratskammer

Lauf-, Geschicklichkeitsspiel
Ort: Turn- oder Bewegungsraum
Gruppengröße: bis 12 Kinder
Dauer: ca. 5 Minuten
Alter: ab 3 Jahre
Material: viele Eicheln, Nüsse, möglich auch Erbsen, Bohnen, Knöpfe, Legesteine, Legosteine, Kieselsteine etc., so viele Gymnastikreifen oder Pappteller, wie Kinder; evt. ein Suppenlöffel pro Kind

Beschreibung:

Bei diesem Spiel legen sich die Kinder wie in der Geschichte eine Vorratskammer an. Von einem zentralen Platz im Raum dürfen sich die „Sammelmäuschen" allerdings immer nur ein Stück holen und zu ihrem Vorratskeller (= Reif oder Pappteller) bringen. Was im Keller liegt, darf nicht mehr geklaut werden. Wie viel schaffen die Mäuse in einer vorgegebenen Zeit?

Variante:
Ältere Kinder können schwierigere Varianten des Tragens und Transportierens anwenden. z. B.

- auf einem Löffel balancieren; fällt der Gegenstand, darf er nicht mehr aufgehoben werden
- auf der flachen Hand balancieren und/oder
- über Hindernisse klettern
- mit der Nase über den Boden schieben usw.

Mit den gesammelten Gegenständen können zum Schluss Legebilder oder Ornamente auf den Boden gelegt werden.

Ameisentragen

Trage-, Kontaktspiel
Ort: Turn- oder Bewegungsraum
Gruppengröße: 8–12 Kinder
Dauer: ca. 1 Minute pro Durchgang
Alter: ab 4/5 Jahre
Material: ein großes Leintuch oder eine feste Decke; Fallschutz

Beschreibung:

Das Leintuch wird auf der Erde ausgebreitet. Jeweils ein Kind legt sich in die Mitte. Jetzt nehmen alle Kinder vorsichtig und gut verteilt einen Zipfel des Leintuchs gleichzeitig hoch, sodass das Kind frei über der Erde schwebt und sanft hin- und hergewiegt werden kann. Zum Schluss das Tuch gleichzeitig vorsichtig ablegen.

Kommentar:

Kinder müssen auf den sorgsamen Umgang und die Wichtigkeit der Sicherheit hingewiesen werden. Niemand soll einfach das Tuch loslassen. Um Verletzungen vorzubeugen, Fallschutz unter das liegende Kind ausbreiten. Die Spielleiterin sollte in jedem Fall den Kopfteil beiderseitig anheben. So wird das Hinterhaupt geschützt.

Ameisen und Dachs

Fang-, Lauf-, Kooperationsspiel
Ort: Turn- oder Bewegungsraum
Gruppengröße: ab 12 Kinder
Dauer: ca. 10–15 Minuten
Alter: ab 5–6 Jahre
Material: evt. Spielfeldbegrenzung mit Tesa-Kreppband

Beschreibung:

Ein Kind wird als Dachs ausgewählt, vier Kinder als Ameisen. Sie stehen sich an gegenüberliegenden Außenseiten eines viereckigen Spielfeldes gegenüber, während der Dachs in der Mitte des Spielfeldes ist. Auf der Mittellinie des Spielfeldes liegen alle anderen Spieler als Ameisenmaden, die sich nicht alleine fortbewegen können.

Jetzt geht es darum, dass die Ameisen die Maden in Sicherheit bringen, indem sie sie an Händen oder/und Füssen zu einer der Außenlinien ziehen. Schaffen sie das, ohne dass der Dachs sie fängt, indem er sie berührt, wird die gerettete Made auch zur Ameise und darf ihrerseits Maden retten. Aber vorsichtig! Der Dachs passt auf die Maden auf und versucht, sie stets zur Mittellinie zurückzuziehen. Erwischt er eine Ameise und berührt sie, wird diese zur Made und muss bewegungslos auf der Mittellinie liegen, bis sie gerettet wird. Deshalb laufen die Ameisen so schnell, wie möglich zu ihrer Linie zurück, wenn sich der Dachs nähert.

Kommentar:

Alles verstanden? Wenn nicht, noch einmal die Spielanleitung lesen und nicht verzweifeln.

Dieses Spiel gibt es in verschiedenen Versionen und wird von älteren Kindern sehr geliebt, weil sie sich dabei gut ausagieren können. Die Spielleiterin sollte deshalb reichlich Zeit dafür einplanen. Am geschicktesten erweist es sich, wenn die Ameisen im Team zusammenarbeiten. Kooperationsvermögen ist dabei besonders gefragt.

Da der Dachs besonders beansprucht ist, kann ihm auch ein Gehilfe zugeordnet werden.

Wo sind die Vorräte versteckt?

Merk-, Geschicklichkeitsspiel
Ort: Turn- oder Bewegungsraum
Gruppengröße: bis 12 Kinder
Dauer: ca. 15 Minuten
Alter: ab 3–4 Jahre
Material: Je ein Paar verschiedener kleiner Gegenstände, z. B. Steine, Murmeln, Nüsse, Knöpfe, Eicheln, Pfennige, getrocknete Blätter, Blumen, Streichholz etc. (ges. bis 15 Paare); kurze Papprollen, genauso viele Bierdeckel.

Beschreibung:

Die Anleiterin stellt die Papprollen gut verteilt im Raum auf und legt in manche jeweils einen der Gegenstände. Anschließend werden alle Rollen mit Bierdeckeln abgedeckt, sodass man von oben nicht hineinschauen kann. Jetzt stellen sich die Kinder an den vier Seiten der Spielfläche auf. Vergleichbar dem bekannten Memoriespiel werden je zwei Rollen abwechselnd von einem Kind für alle sichtbar aufgedeckt. Wer hat am Ende des Spieles die meisten Gegenstände?

Kommentar:

Den Kindern sind wahrscheinlich die Spielregeln des bekannten Gesellschaftsspieles bekannt. Hier erhält das Spiel jedoch noch eine räumliche Dimension, indem sich die Spieler im Raum orientieren müssen. Das Begehen des Spielfeldes und hantieren mit dreidimensionalen Gegenständen fordert in beson-

derem Maße Geschicklichkeit und Feinmotorik, sowie Raumge-
fühl und -orientierung.

Kleine Eichel – Großer Baum

Bewegungsimprovisation, meditative Bewegung
Ort: Turn- oder Bewegungsraum
Gruppengröße: bis 16 Kinder
Dauer: ca. 3–5 Minuten
Alter: ab 4–5 Jahre
Musik: Dorothée Kreusch-Jacob „Ich bin ein Baum", CD:
Das Wolkenboot; E. Grieg „Morgenstimmung", Peer Gynt
Suite Nr. 1 op. 46; Kitaro „The Field", CD: In the Light of
the Spirit

Beschreibung:

Alle Kinder liegen so klein und rund wie eine Eichel auf
der Erde und „schlafen". Als Kontrast stehen sie auf und strecken und recken sich, wie eine große Eiche. Die Anleiterin in-
itiiert einige Wechsel zwischen diesen Extremen.

Variante:

Zu einer passenden Musik werden die Kinder angeregt,
in fließendem Übergang zum großen Baum zu wachsen, z. B.:

- die Schale platzt auf (kleine Rumpf- und Wirbelsäulenbewegungen in runder Körperhaltung am Boden)
- Wurzelfüße wachsen (Streck- und Tastbewegungen mit den Füßen über den Boden)
- ein Spross schiebt sich durch die Erde (Kopf- und/oder Hände und Arme streben nach oben, der Körper hebt sich von der Erde zur Sitzhaltung)
- der Baumstamm wächst (auf die Füße zum aufrechten Stand kommen)
- Äste und Blätter entfalten sich (Finger und Arme in der Luft strecken)
- die Krone des Baumes entfaltet sich und bewegt sich im Wind (Rumpf-, Kopf-, und Armbewegungen)

Diese Improvisation ist in gleicher Reihenfolge auch als Partnerspiel zu zweit, als „Zwillingsbaum" mit älteren Kindern denkbar.

Kommentar:

Jüngere Kinder müssen an meditative Formen der Bewegung herangeführt werden. Hilfreich dazu ist eine leise, sanfte Musik und eine kleine Geschichte die sich die Spielleiterin zu diesem Thema zurechtgelegt hat und viele Bewegungshilfen beinhaltet.

Alternativ zu einer begleitenden Musik können die „Bäumchen" auch zu einer aufsteigend gespielten Tonleiter auf Xylofon, Metallophon oder Glockenspiel in die Höhe wachsen.

9

Unter der Erde

Das folgende Gedicht kann als Fingerspiel alleine (Variation A) oder zu zweit (Variation B), umgesetzt, werden, wobei ein/e Erwachsene/r das Kind auf dem Schoß hält. Denkbar ist auch eine Partnermassage (Variation C).

(Refrain:)
Es kriecht und krabbelt,
es zippelt und zappelt,
tief in der Erde dunklem Haus,
wer streckt denn da den Kopf heraus?

1. Tief unten im Dunkeln, da ist sein Zuhaus,
   nur selten kriecht Regenwurm aus dem Boden heraus.
   Stets Erde zu fressen, das ist sein Geschick,
   dafür lässt er viele Häufchen zurück.

2. Und da ist noch ein schwarzer Gesell!
   Er gräbt seinen Gang durch die Erde sehr schnell.
   Frisst Schnecken und Würmer und manches Getier.
   Im Garten Erdhügel? – Der Maulwurf ist hier.

3. Wer hat noch in der Erde sein Haus?
   Mit langem Schwänzchen – Willi, die Maus.
   Verschwindet in Löchern und unterirdischen Gängen
   und entgeht so spitzen Eulenfängen.

4. Dort, bei der Tanne, der Ameisenbau!
   Die sind sehr fleißig und wissen genau:
   Frau Königin schickt die Arbeiterinnen aus,
   die sammeln das Futter und bringen's nach Haus.

5. Seine Höhle hat Meister Dachs in die Erde gegraben.
   Des Nachts kommt er, sich an Ameisen zu laben.
   Doch kommt der Winter, kuschelt er sich in seinen Bau ein,
   und träumt, es möge bald wieder Frühling sein.

6. Aus der Bäume luftigem Rauschgesang
   huscht Frau Eichhorn den Boden entlang
   und gräbt fleißig ihre Vorräte ein.
   Der Winter wird lang, da muss es so sein.

Fingerspiel

Variation A

Refrain: Zeile 1 + 2: in die Luft, auf dem Tisch oder auf dem anderen Arm mit allen Fingern gleichzeitig Kriech- und Krabbelbewegungen machen

Zeile 3 + 4: Daumen und Zeigefinger einer Hand zusammenbringen, mit der hohlen Hand ein Loch darstellen; den Zeigefinger der anderen Hand langsam durchstecken

Regenwurm	Zeile 1:	eine Hand mit gestreckten geschlossenen Fingern horizontal halten (= Erde)
	Zeile 2:	mit dem Zeigefinger der anderen Hand darunter Kriechbewegungen machen, oder über Tischplatte oder Arm krabbeln, dann die „Wurmfingerspitze" zwischen den Fingern der anderen Hand durchstrecken
	Zeile 3 + 4:	Kriechbewegungen s.o.
Maulwurf	Zeile 1 + 2:	Finger gestreckt schließen, (= „Grabehand"), Grabebewegungen nach re und li machen, Hand dabei nach innen und außen drehen
	Zeile 3:	die Finger der anderen Hand bewegen sich als Kriechtiere, Grabehand fängt sie ein
	Zeile 4:	Maulwurfhügel mit gefalteten Fingern beider Hände darstellen
Maus	Zeile 1 + 2:	Daumen und Mittelfingerspitze einer Hand zusammenbringen (= „spitze Mausschnauze"), Ring- und Zeigefinger der gleichen Hand anbeugen (= „Mauseohren"), abgespreizter kleiner Finger (= „Mauseschwanz"); die Hand mit Schnüffelgeräuschen hin- und herbewegen
	Zeile 3 + 4:	„Mäusehand" verstecken, z. B. in der Armbeuge des anderen Armes, hinter den Rücken, unter dem Tisch

Ameise	Zeile 1 + 2: mit den Fingern beider Hände Krabbelbewegungen (wie Klavierspielen)
	Zeile 3 + 4: Einsammelgesten einer Hand in die hohle andere Hand
Dachs	Zeile 1 + 2: eine Hand flach an die Brust legen, Ellbeuge ist der Dachsbau; fünf Fingerspitzen der anderen Hand zusammenbringen (= „spitze Dachsschnauze") Finger öffnen und schließen und dabei am anderen Arm entlang marschieren
	Zeile 3 + 4: „Dachshand" in die Ellbeuge legen; Oberkörper sanft hin- und herschaukeln;
Eichhorn	Zeile 1 + 2: fünf Finger einer Hand zusammenbringen, die geschlossenen Finger auf Unterlage oder Arm aufsetzen und Hüpfbewegungen machen
	Zeile 3 + 4: mit zwei Händen abwechselnd Grabebewegungen nach unten machen

Variation B:

Ein Erwachsener hält das Kind auf dem Schoß; alle Bewegungen werden, je nach Beschreibung auf/anhand, Arm oder Bauch des Kindes durchgeführt

Variation C: Partnermassage

Ein/e PartnerIn liegt in Bauchlage auf dem Boden, der/die Zweite sitzt seitlich bequem auf der Erde. Die SpielleiterIn kann das Gedicht langsam vorlesen und dazu die nötigen Ausführungsanweisungen geben, oder die Geschichte erzählen. Hilfreich für die Kinder ist in jedem Fall, wenn die Spielleiterin die Massageanleitungen synchron mitmacht. So können die Kinder bei eventuellen Unklarheiten am Beispiel schauen.

Regenwurm: – mit einem Finger mit sanftem Druck über den Rücken kreuz und quer kriechen und gleiten
– „Häufchen": Fingerspitzen einer Hand zusammenbringen und punktuell mit sanftem Druck auf dem Rücken aufsetzen

Maulwurf: – mit den beiden Handkanten abwechselnd nach re/li, oben/unten ausstreichen

Maus: – „unterirdische Gänge": mit 10 Fingerspitzen wie mit einem Kamm den Rücken vom Kopf abwärts/ von der Wirbelsäule nach außen durchkämmen

Ameisen: – mit 10 Fingern schnell den Rücken auf- und abwärts krabbeln, Finger dabei wie beim Klavierspielen bewegen

Dachs: – „Winterschlaf": beide Hände flach auf dem Kreuzbein (= unterster Teil der Wirbelsäule) auflegen, Körper sanft mit leichtem Druck und mit beiden Händen synchron hin- und herschaukeln, sodass sich die Bewegung über die Wirbelsäule fortsetzen kann

Eichhorn: – „Grabelöcher": an den untersten Wirbeln die Daumen rechts und links der Wirbelsäule ansetzen, und kleine, kreisende Bewegungen mit

sanftem Druck ausführen, dabei die Wirbelsäule langsam aufwärts wandern bis zum letzten Halswirbel direkt unter dem Schädel.
Zum Schluss noch einmal den ganzen Rücken sanft mit flachen Händen ausstreichen.

Wichtiger Hinweis
Unbedingt darauf achten, dass die Nierenregion in den Weichteilen unter den Rippen zart behandelt wird. Grundsätzlich ist diese Partnermassage vornehmlich mit dem Ziel der Kontaktaufnahme, Förderung der Wahrnehmung und sozialen Verhaltens zu sehen und keine gesundheitliche Maßnahme.

Unter der Erde – eine Klanggeschichte

Ort: Turn- oder Bewegungsraum
Gruppengröße: bis 12 Kinder
Dauer: ca. 5 Minuten
Alter: ab 4 Jahre
Material: Musikinstrumente: Handtrommel mit Fellschlägel; Holz-quiro; Lotosflöte; Rasseln; Holzblocktrommeln; Kabassa; Triangeln; Xylofon; Metallophon und/oder Glockenspiel:

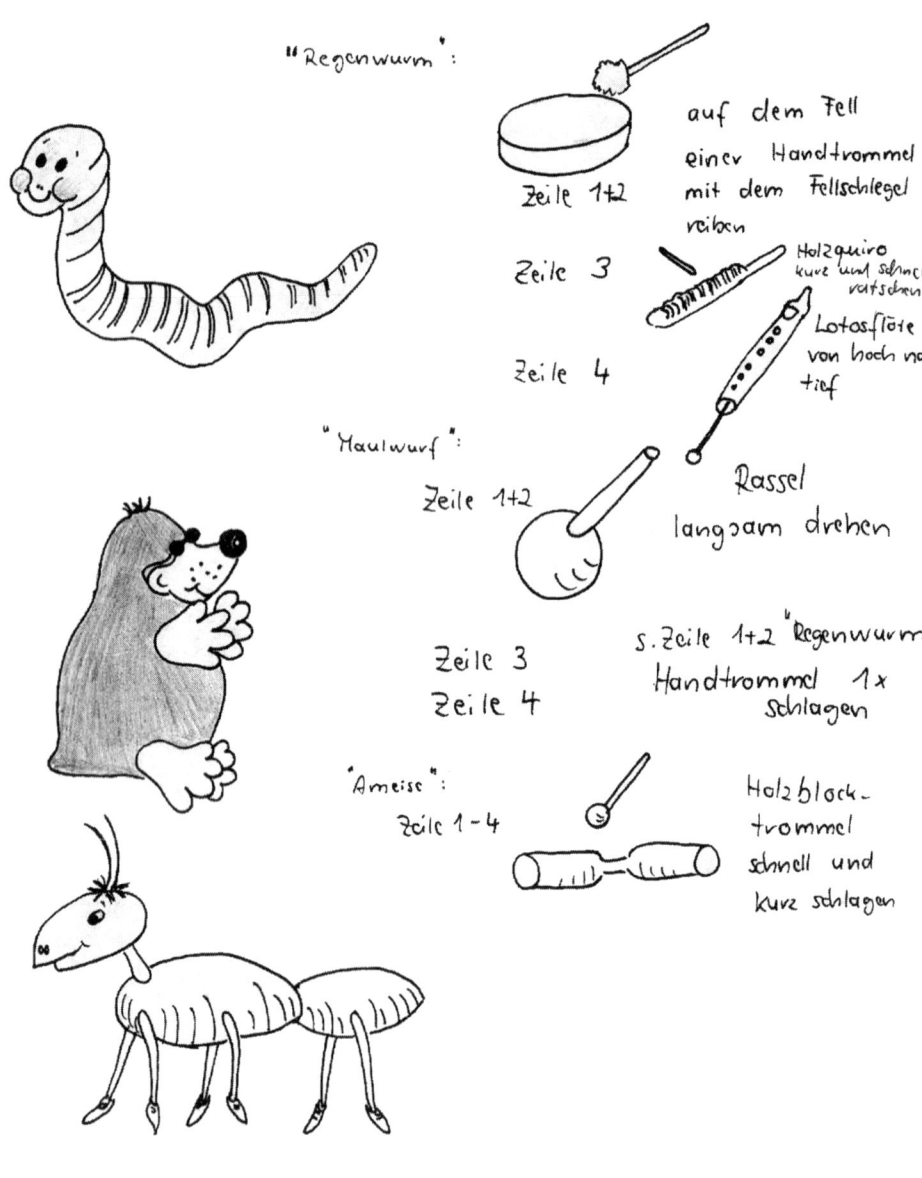

"Regenwurm":

Zeile 1+2   auf dem Fell einer Handtrommel mit dem Fellschlegel reiben

Zeile 3   Holzguiro kurz und schnell ratschen

Zeile 4   Lotosflöte von hoch nach tief

"Maulwurf":

Zeile 1+2   Rassel langsam drehen

Zeile 3
Zeile 4   s. Zeile 1+2 "Regenwurm" Handtrommel 1x schlagen

"Ameise":

Zeile 1-4   Holzblock- trommel schnell und kurz schlagen

96

"Dachs":

Zeile 1+2   Kabassa, langsam und gleich- mäßig drehen

Zeile 3+4   Triangel sanft schlagen

"Maus":   Zeile 1+2   Xylophon, Tonleiter auf und abwärts

Zeile 3+4   leiser werden

"Eichhorn":   Zeile 1+2   Metallophon oder Glockenspiel, Tonleiter abwärts spielen

Zeile 3+4   2 benachbarte Töne kurz und schnell abwechselnd spielen; verschiedene Tonhöhen

Beschreibung:

Das vorliegende Gedicht kann als Klanggeschichte interpretiert werden. Die Anleiterin stellt zunächst die Instrumente vor und verteilt sie nach Tierrollen an die Kinder. Es muss klar sein, dass die Instrumente nur den Absprachen entsprechend bedient werden.

Jetzt wird das Gedicht von der Anleiterin oder einem Schulkind langsam gesprochen und mit den entsprechenden Instrumentenklängen untermalt.

Kommentar:

Sind die Kinder den Umgang mit Klangmaterial oder Instrumenten nicht geübt, werden sie zunächst einmal aller Wahrscheinlichkeit nach laut und wild durcheinander spielen. Wie bei der Einführung eines neuen Bewegungsmaterials sollte man auch bei Klangmaterial genügend Zeit zum Experimentieren zugestehen. Erst dann können Regeln und Absprachen eingehalten werden.

Sehr schöne aufbauende Spiele und Übungen für den Umgang mit Klängen finden Sie in den Büchern von Elisabeth Hoffmann (s. Literaturliste)

Zu empfehlende, weiterführende Literatur:

Feldmann, Thomas: Schaut her, ich kann balancieren – Spiele zur Bewegungskoordination; aus der Reihe: Bausteine Kindergarten/ Grundschule; Sonderheft; Aachen

Hoffmann, Elisabeth: Musik im Spiel – für Kindergarten und Vorschule; Mainz, 1998

Hoffmann, Elisabeth: Musik im Spiel 2 – für Grundschule und Kindergruppen; Mainz 1999

Herdtweck, Waltraud: Rhythmik; München, 1995

Metzenthin, Rosmarie: Schöpferisch Spielen und Bewegen; Zürich, Wiesbaden, 1983

Peter-Fähre, Susanne: Rhythmik für alle Sinne – Ein Weg musisch-ästhetischer Erziehung; Freiburg im Breisgau, 1994

Stein, Gisela: Kleinkinderturnen – ganz groß; Aachen, 1994

Vopel, Klaus: Kreative Bewegung und Tanz; Salzhausen, 1996

Weinmann Regina; Liebisch Reinhard; Breitkecker, Dieter: Kinder brauchen Bewegung – Wahrnehmungs- und Bewegungsförderung im Vorschulalter; Hrsg. und Bezugsadresse: Bundesarbeitsgemeinschaft zur Förderung haltungs- und bewegungsauffälliger Kinder und Jugendliche e.V., Fischtorplatz 17, 55116 Mainz; Mainz, 1993

Weinmann Regina; Liebisch Reinhard; Breithecker, Dieter: Tips und Tops – für eine ganzheitliche Bewegungsförderung im Grundschulalter; Hrsg. und Bezugsadresse ebd. Mainz, 1995

Zimmer, Renate; u.a.: Bewegung, Sport und Spiel mit Kindern – Lehr- und Lernmaterial zur frühkindlichen Bewegungserziehung; Aachen, 1990

Zimmer, Renate: Sport und Spiel, Aachen, 1992

Zimmer, Renate, Clausmeyer, Ingrid; Vosges, Ludwig: Tanz – Bewegung – Musik – Situationen ganzheitlicher Erziehung im Kindergarten; Freiburg im Breisgau, 1991 (Mit Begleit-Kassette)

Zimmer, Renate: Handbuch der Bewegungserziehung – Didaktisch-methodische Grundlagen und Ideen für die Praxis; Freiburg im Breisgau, 1993

Bezugsquellen zur empfohlenen Liedern und Musikstücken:

Klassik:

Antonio Vivaldi: Die Vierjahreszeiten
  – „Largo"

Camille Saint-Saens: Karneval der Tiere
  – „Aquarium"

Edvard Grieg: Peer Gynt Suite – „Morgenstimmung", „In der Halle des Bergkönigs"

G.V. Faure: Pavane

Jacques Offenbach: Orpheus in der Unterwelt – „Can-Can"

Wolfgang Amadeus Mozart: „Eine kleine Nachtmusik"

Johann Strauß: „An der schönen blauen Donau"; „Kaiserwalzer"

Modest Mussorgsky: Bilder einer Ausstellung – „Die Hütte der Baba Yaga"

Peter I.: Nussknackersuite – „Blumenwalzer"; Schwanensee – „Tanz der kleinen Schwäne"

Neue Musik und Lieder:

Bernward und Elisabeth Hoffmann: Musik macht Kinder froh – „Heute wolln' wir rodeln", „Eis und Schnee", Begleit-MC zum gleichnamigen Sonderheft Bausteine, Kindergarten/Grundschule

101

Dorothée Kreusch-Jacob: Lieder aus der Stille – „Bin ganz Ohr" (MC/CD)

Dorothée Kreusch-Jacob: Das Wolkenboot – „Ich bin ein Baum" (MC/CD)

Kitaro: In the Light of Spirit – „The Field" (CD)

Rolf Zuckowski: Die Vogelhochzeit – „Sieh nur, die Sterne"